KB250531

# Real 중국문화의 이해

# Real 중국문화의 이해 **제1권**

초판 1쇄 인쇄 2014년 01월 03일
초판 1쇄 발행 2014년 01월 10일

지은이    유 진 호
펴낸이    손 형 국
펴낸곳    (주)북랩
출판등록  2004. 12. 1(제2012-000051호)
주소      서울시 금천구 가산디지털 1로 168,
          우림라이온스밸리 B동 B113, 114호
홈페이지   www.book.co.kr
전화번호   (02)2026-5777
팩스      (02)2026-5747

ISBN     979-11-5585-116-6  14320
         979-11-5585-122-7  14320(SET)

이 책의 판권은 지은이와 (주)북랩에 있습니다.
내용의 일부와 전부를 무단 전재하거나 복제를 금합니다.

이 도서의 국립중앙도서관 출판시도서목록(CIP)은 서지정보유통지원시스템 홈페이지(http://seoji.nl.go.kr)와
국가자료공동목록시스템(http://www.nl.go.kr/kolisnet)에서 이용하실 수 있습니다.
( CIP제어번호 : 2013029383  )

146일간의 중국일주를 통해 배우는

25,000km의 여정

*Real*

# 중국문화의 이해

제1권

중국문화 이해를 위한 필독서!

유진호 지음

booklab

이 책은 예쁘고 아름다운 사진을 나열해 놓지 않았습니다. 아마도 그보다는 '왜 이런 사진까지 올렸을까?' 하는 의문을 던지게 하는 사진들이 대부분일 것이라고 생각합니다. 이 책은 '잘 찍은 중국'이 아닌 '리얼한 중국, 살아 있는 중국' 전달을 목표로 하고 있습니다.

여행 중에 만난 한 조선족 목사님은 제게 "중국인들은 도깨비가 아닙니다."라고 말씀하셨습니다. 물론 말하자면 우습지만 그들은 당연히 도깨비가 아닙니다. 서로의 문화 차이와 이해의 격차로 인해 때로는 낯설고 때로는 무섭고 추악하게 보이는 것 같습니다.

이러한 상호간의 차이를 해소하기 위해서는 상대방을 이해하는 것이 중요합니다. 따라서 이 책은 중국을 이해할 수 있도록 리얼(real)한 사진 위주로 편집되었고, 관광 가이드가 아닌 학습이 되는 자기계발서의 목적으로 만들었습니다.

지금까지 중국 문화에 대해 설명한 책들과 잘 만들어진 관광 서적을 통해 많이 들어 오셨을 것입니다. 그러나 백문(百聞)이 불여일견(不如一見)! 설명도 설명이지만 보다 풍부한 사진으로 견문을 넓혀드리겠습니다.

이밖에 중간 중간에 삽입된 중국 관련 정보와 중국어들은 이 책의 다른 매력이자 좋은 학습거리가 될 것입니다.

# CONTENTS

## 머리말

이 책에 저는 저의 꿈 같았던 2010년 중국 일주 이야기를 옮겼습니다. 146일간 중국 50여 개 도시를 넘나들며 낮에는 여행하고 밤에는 기록을 남겼는데요, 가장 리얼(real)한 중국을 배우고 싶다는 일념으로 몸부림쳤던 기억이 아직도 생생합니다. 알 수 없는 힘에 끌리듯 하루하루 고된 여행을 하는 저의 모습은 흡사 수행자 같기도 했고, 온몸이 햇볕에 그을려 검게 된 모습은 가난한 중국 농민공 청년처럼 보이기도 했을 것입니다. 여행 기간 동안 남긴 25,000장의 사진과 300여 개의 블로그 포스팅을 바탕으로 책을 출판합니다. 이 책이 독자 분들의 중국인/중국 문화 이해에 조금이나마 도움이 될 수 있다면 더한 기쁨이 없겠습니다. 제가 여행을 기획하기 시작한 것은 2009년, 여행 시작(2010년)으로부터 1년 전이자 군대에서 상병을 달고 조금은(?) 편해졌을 때부터입니다.

중국 서민들의 삶의 터전

2005년 한국외대 중국어과에 우연히 입학하여 처음 중국을 접하고, 열심히 중국어를 공부하여 꿈에 그리던 중국어 통역병으로 복무할 수 있었습니다만, 저는 만족할 수가 없었습니다. 중국을 공부한 시간이 그리 길지 않았고, 특히 중국어 위주로 속성 학습을 한 결과 언어는 구사해도 중국 문화와 중국인의 삶에 대해서는 깊이 알지 못했기 때문입니다. 당시 제 주변에는 중국에서 10년 이상 거주했던 동료들이 대부분이었기 때문에 이런 점은 더더욱 뚜렷하게 보였고, 이것은 제가 반드시 해결해야 할 과제였습니다.

저는 바로 이 과제 해결을 목적으로 중국 일주를 기획했고, 부대에서 틈틈이 시간을 쪼개 여행을 계획했습니다. 주로 철도와 도로 연결 상

가난하지만 밝게 살고 있는 남매 쿤우와 쿤펑

태를 통해 동선을 짰으며 거리 및 중요성에 따라 체류 일정을 조율했습니다. 제가 여행 중 보고자 했던 것은 중국인들의 가장 리얼한 삶 그 자체였고 자연 경관과 관광지는 덤과 같은 것이었습니다. 저는 교류/ 식문화 이해/ 지역 구분/ 현대 중국/ 도시발전 등을 중점 사항으로 잡았으며, 군 전역 후 2주 뒤인 2010년 4월 27일 흑룡강성 하얼빈을 출발지로 하여 여행을 시작했습니다.

여행이 끝나고 약 3년이 지난 지금, 저는 학생에서 샐러리맨으로 거듭나게 되었고 또 많은 것들이 변해 있지만, 그때의 열정만은 꼭 간직하려고 합니다. '인생 역시 하나의 모험이고 도전'이라고 생각하기 때문입니다. 마지막으로 여행과 출판은 물론 인생을 통해 함께해 주시는 하나님과 부모님께 감사드리며, 출판에 도움 주신 북랩 관계자님들과 제 출판을 격려하고 흔쾌히 승인해 주신 회사 팀장님, 그룹장님께도 감사의 말씀을 드리고 싶습니다.

감사합니다.

유진호 드림

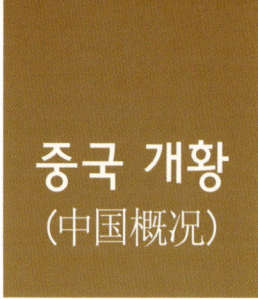

# 중국 개황
## (中國概況)

2012년 중국의 GDP는 약 8조 달러에 달했는데, 이는 미국의 15조 달러에는 미치지 못하지만 3위인 일본의 6조 달러를 크게 상회한 수치이다. 4위인 독일은 3조 5천억 달러에 그쳤다. 6년 전까지만 해도 독일 GDP에 미치지 못하던 중국의 성장 속도가 놀랍다. 향후 6년 동안 다시 2배 이상 성장해 준다면, 2020년에는 정말 미국을 넘어서 세계 최대 시장이 될지도 모르겠다.

인구 13억 5,382만 명(2012)
국내 총 생산 519,322억 위안(2012)
면적 960만 제곱 킬로미터 (남한 면적의 약 96배)

〈통계 출처: 『Baidu 백과사전』〉

# 흑룡강성(黑龙江) 하얼빈(哈尔滨)

**인구** 3,834만 명(2012)
**지역총생산** 13,691억 위안(2012)
**면적** 47.3만 제곱 킬로미터 (남한 면적의 약 4.7배)

〈통계 출처: 『Baidu 백과사전』〉

하얼빈 중앙따지예

## 역사문화

흑룡강성은 오래 전부터 자유롭게 이민이 이루어진 개방적인 지역이다. 역사상 대륙 지역과 경제적, 문화적으로 긴밀한 관계를 유지했으며 중원 문화의 영향을 받아왔다. 1898년 중동 철로의 건설과 함께 많은 러시아인들이 하얼빈을 중심으로 몰러들었고, 1905년 러일전쟁 이후 하얼빈이 개방되면서 여러 민족들과의 융합이 진행되었으며, 이 과정에서 특히 러시아의 영향을 많이 받았다. 이와 같은 사실은 도시 건축양식 등에서 분명히 볼 수 있다.

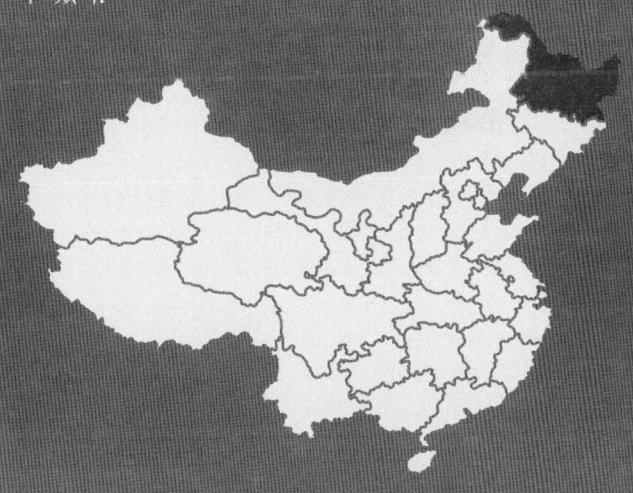

일 반 석
ECONOMY CLASS

인천공항

**흑룡강성 하얼빈**
✈ 검은 택시기사의 습격

중국에서 가장 추운 지역이기 때문일까? 따뜻한 외투를 입고 있었는데
도 하얼빈은 상당히 추웠다. 비행기에서 내려 하얼빈의 찬 공기를 마시
며, '아 드디어 중국에 왔구나'라는 생각에 나는 절로 들떴다. 그러나 그

것도 잠시, 나는 장장 1년간 기획하고 꿈꿔온 여행의 첫 걸음을 내디딤과 동시에, 앞으로 어떻게 수개월간 여행을 다니며 사진을 찍고 기록을 남길지에 대해 무겁게 생각하지 않을 수 없었다. 이런저런 생각을 하는 사이에 내 몸은 이미 공항 밖으로 나가 있었다.

이미 늦은 밤(11시경), 택시는 모두 끊긴 상태였다. 당시 가방에는 군자금 25,000위안(435만 원)이 들어 있었기 때문에 어둠 속에서 다소 불안하기도 했다. 공항을 조금 나오니 한 택시 기사가 달라붙어서(이 택시는 불법 택시), 지금 이 시간에 어차피 차가 없으니 자기 차를 타고 가지 않겠느냐고 했다. 나와 보니 정말 어둡고 인적이 드물어 할 수 없이 그렇게 하겠다며 택시를 탔다. 택시 기사 아저씨는 말이 많긴 했지만 친절하고 좋은 사람인 듯했다.

다만 뭔가 잘못되었음을 곧 알게 되었다. 택시 기사는 공항에서 시가지까지 300위안은 족히 나오니 계량기를 켤 것 없이 300위안을 내면 된다고 말했는데, 이건…, 정말 터무니없었다. 하얼빈 태평공항에서부터 시가지까지 거리가 어느 정도 되는 것은 사실이나(약 35km) 중국에서 5만 원 돈 택시비라니…. 나는 계량기를 켜고 그에 맞게 부담하겠다고 말했다. 택시 기사도 동의하고 갔으나, 더 놀라운 것은 이 계량기가 올라가는 속도였다. 나는 2~3초 만에 1위안씩 올라가는 계량기를 진실로 처음 봤다 아무리 고속도로라고 해도 그 정도로 빠를 순 없었다. 예전에 신문에서 중국 택시 기사들이 계량기에 장난을 치는 경우가 있다는 글을 본 적이 있는데, 아마도 그런 것 같았다(하얼빈의 택시비는 기본료 8위안, 1km당 1.9위안).

나는 또 겁도 없이 택시 기사한테 비용에 관련된 이런 저런 이야기를 했다(계량기 장난 포함해서). 그러자 택시 기사의 반응은 "그래서 어쩔 건데?, 여기서 내려 볼래?" 하는 식이었는데, 정말 어처구니가 없어 대응할 도리조차 없었다. 그러면서도 택시 기사는 자연스럽게 또 내게 "어디에 가느냐, 뭐하고 놀 거냐?" 등의 일상적인 질문을 건네고 있었다. '제대로 외국인 봉 취급 당했네!'

나는 다시 기사 아저씨에게 진작 300위안 나온다고 이야기했으면 그냥 거기서 자고 공항버스를 탔을 거라고 말했다. 그리고 싼 숙소(초대소)에서 묵을 예정이라고 하니까, 요즘은 싼 데 가도 200위안(3.5만 원) 정도는 내야 한다는 아저씨의 답이 돌아왔다. 나는 그럴 리가 없다고, 남경에서도 50위안짜리 초대소에서 잔 적 있다고 했다. 아저씨는 자기가 좋은 숙소로(200위안) 데려다 주겠다며 자꾸 나를 부추겼다. 이쯤 되자 나는 짜증이 나서 빨리 내리고 싶은 생각밖에 없었다. 그때였다. 불빛이 보였다. 오…, 시가지가 보인다. 불빛이 보이는 동시에 몇몇 숙소들도 눈에 들어왔다. 나는 아저씨한테 내려달라고 하고는 돈을 지불했다. 나온 돈은 총 199+30(통행료). 그래, 230위안이라고 치자. 나는 300위안을 냈다. 300위안 줬으면 최소 70위안을 거슬러 받아야 하니까 기다리고 있었다. 그런데 택시 기사는 내게 왜 안 내리냐고 하는 거다. '어허…, 이 양반이.'

"거스름돈 주세요."라고 하니까, 그제서야 몸을 뒤지며 돈을 찾더니 20위안을 내주었다. "잔돈이 없네 내려라." …잔돈이 없으니까 내리란다. 나는 잔돈이 없는 게 내 잘못이 아니니까 돈을 바꿔와서 거슬러 달라고 했다. 근데 이 사람 진짜 독하다. 자꾸 내리란다. 핸드폰만 있으면 나 진짜 경찰이랑 상담 한번 해보겠냐고 묻고 싶었다.

그러던 중 그 사람이 제안을 했다. 50위안짜리 밑으로 숙소를 자기가 찾아줄 테니까 잔돈 안 받는 걸로 하잔다. 음…, 너무 화가 난 상태이긴 했지만, '300+50위안으로 공항을 벗어나 잠을 자는 거라면 첫 날치곤 선방이긴 하니까…'라고 스스로를 위안할 수 있는 달콤한 제안이었다. 그리고 아저씨가 워낙 막무가내라(진짜 무식했다) 그러자고 했다(날이 어두워 값싼 숙소를 찾을 여유가 없었던 건 사실이다).

그리고 30위안짜리 방에서 오늘밤을 보냈다. 오늘의 교훈은 "불법 택시는 가급적 타지 말고, 돈 이야기를 먼저 협의하고 타자." 정도가 되겠다.

풍양따지에

흑룡강성 하얼빈

**중국 대학생들은 한국을 어떻게 생각하나**

일어나서 어제 일을 생각해 보니 참 안구에 습기가 찰 일이었다. 그래
도 중국어 통역병 출신이라고 중국에선 콧방귀 좀 뀔 줄 안다는 사람
이 중국에 오자마자 초특급 봉 취급을 당하다니… 부끄럽고 또 부끄

러웠다. 하여튼 나는 아침 일찍 일어나 텔레비전을 좀 보면서 은행 문열 만한 시간을 기다리다 오전 9시경 숙소를 나섰다.

이날 나는 해야 할 일이 참 많았다. 일단 은행에 가서 돈도 저금해야하고(중국에는 ATM이 많아 한 번 큰 은행〔공상은행 등〕에 저금해 두면 두고두고 편하게 뽑아 쓸 수 있음), 어제 같은 일을 당할 수 있으므로 핸드폰도 사고, MP3도 사야 했다. 그리고 무엇보다도 하얼빈 최고학부인 하얼빈 공업대학에 가서 설문조사를 할 생각이다. 민감한 주제들로 가득 차 있는 나의 설문지를 보면 학생들은 어떤 표정을 지을까?

우선 은행을 찾는 건 그다지 어렵지 않았다. 가장 큰 은행인 공상은행을 찾아 카드를 만들고, 거기다 가지고 있던 돈을 다 넣었다. 참고로 중국에서는 카드로 돈을 찾을 때마다 찾은 금액의 1/100을 수수료로 낸다. (타 지점 기준) 합리적인 것 같기도 하고 도둑놈 같기도 하고….

카드 만드는 방법은 간단하다. 그냥 일단 무작정 들어가서 번호표 뽑고 외국인 티 팍팍 풍기며, 창구로 가서 "은행카드 만들어 주세요(我要办卡, 워야오 빤카아)."라고 하면 알아서 잘 안내해 줄 것이다. 준비물로는 여권 및 한국 신분증, 10위안 정도의 돈만 챙겨가면 더할 나위 없이 충분하다. (카드를 만들고 나면 정말 편하게 돈을 수시로 인출할 수 있다!)

돈을 입금시키고 나니 10시 정도 된 것 같다. 배가 좀 고파서 나는 길거리에 보이는 한 허름한 음식점에 들어갔다.

여기서 나는 띠싼셴(地三鲜, 지삼선)이라는 요리를 시켜 먹었다. 이 요리

중국의 한 허름한 음식점

띠싼셴(地三鮮, 지삼선)

는 한국에 있는 중국집에서도 흔히 볼 수 있는 동북지역 요리로 대략 감자-가지-고추 볶음 정도라고 생각할 수 있겠다. 고추가 들어 있긴 하지만 맵다는 느낌은 들지 않는다. 말 그대로 감자-가지-고추를 볶은, 기름이 매우 많은 음식이다. 가격은 9위안(약 1,700원)으로 저렴한 편이다. 친절한 아저씨, 아주머니 앞에서 이런 저런 이야기를 하다 보니 내가 외국인인 것이 들통(?)났다. 근 2년간 한국에서 편하게 중국 문장이나 들여다보고 있었더니 생각하는 것처럼 중국어가 나오질 않는다. 빨리 극복하고 현지인화되어야 하겠다는 생각을 하며 좋은 인연을 뒤로하고 음식점을 나왔다. 일단 번화가로 가기 위해 음식점 주인 내외에게 물어 83번 버스를 타고 송화강(松花江)에서 내렸는데, 오잉, 뭔가 황폐한 분위기다. 비도 어스륵어스륵 내리고 있었다.

어두운 송화강(松花江) 모습

영화관 근처 오락실

한국과 닮은 중국 영화관

송화강에서 조금 벗어나자 번화가가 펼쳐졌다. 가장 먼저 눈에 들어온 것은 영화관이었는데, '타이탄', '엽문2' 등의 영화를 상영하고 있었다. 한국 영화가 중국 영화로 대체된 점만 빼면 우리나라의 그것과 큰 차이가 없었다. 그러나 여기서 내가 놀란 것은 바로 영화표 값이다! 놀랍게도 1편 상영에 70~100위안(영화별로 가격 차등)을 내야 했다. 한국 돈으로 계산하면 대략 13,000원 이상이었는데, 나중에 알고 보니 여기 완다(万达) 극장이 조금 비싼 곳이라고 한다. 그렇다 하더라도 일반적으로 영화 한 편을 보려면 30위안(5,000원)은 내야 했는데, 중국인들이 보기에는 다소 비싼 가격이 아닐까?

영화관 2층은 오락실이다. 여기는 1판에 3위안(500원) 정도 …. 역시 싸지 않았다. 다만 시설만 놓고 따져 보면 코엑스에 있는 오락실에 절대 뒤지지 않는다. 중국의 하드웨어가 얼마나 발달해 있는지 잘 알 수 있었다.

중국의 대표적 전자상가 쑤닝뗀치(苏宁电器)

쑤닝뗀치 내부 모습

완다 극장 주변에는 월마트와 대형 전자상가들이 널려 있었다. 아침에 음식점 주인 내외는 내게 번화가를 찾으려면 송화강으로 가라고 했었는데, 그 말만 듣고 무작정 송화강으로 온 선택이 나쁘지 않았던 것 같다. 핸드폰과 mp3를 사기 위해 쑤닝뗀치(苏宁电器, 쑤닝 전자상가)로 들어갔다. 삼성과 노키아, 파나소닉, 소니 등이 있었는데, 둘러본 결과 역시 핸드폰은 노키아가 제일 싸다. 작고 간편한 핸드폰을 238위안(약 4만 원)에 구입! (나중에 알았지만 부근 노키아 매장에서 199위안에 판매 중이었음 -_-;) 뭐 …, 더 싸게 구할 수도 있었겠지만 작은 차이라고 생각하고 망설임 없이 질렀다. 그리고 가는 길에 mp3도 한꺼번에 샀는데, 가격은 298위안에 작고 가볍고 2기가 용량이라 너무너무 맘에 들었다.

하얼빈의 번화가 쭝양따지에(中央大街)

쭝양따지에

하얼빈에서 가장 번화한 중앙대가(中央大街, 쭝양따지에)라는 거리로 왔다(중국은 보통 번화가를 길 가(街)자를 써서 '~길', 혹은 길 로(路)자를 써서 '~로'라고 많이 부른다). 흑룡강성은 러시아와 국경을 마주한 지역이라서 그런지 러시아 상품을 많이 파는 것은 물론 건축양식, 간판 이름까지 러시아 풍이었다.

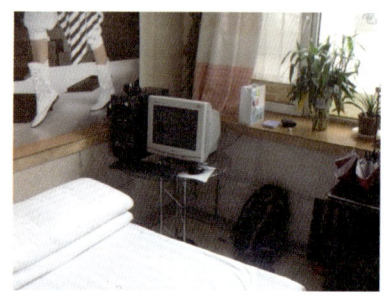
다시 구한 숙소

핸드폰과 MP3를 구입한 뒤 나는 하얼빈 중앙대가를 벗어나 오늘 묵을 숙소부터 찾았다. 숙소는 인터넷이 가능한 컴퓨터가 있는 방으로 40위안(7,000원)에 구했다. 짐을 풀고 나는 112번 버스를 타고 하얼빈 공업대학교(哈尔滨工业大学)로 향했다. 하얼빈 공업대학교는 흑룡강성 최고의 명문대학이자 중국 전역으로 봐도 상당한 명성을 가지고 있는 대학교이다.

학교에 도착한 뒤 식당으로 들어갔다. 그런데 카드 없이는 밥을 먹을 수 없다고 하여, 배가 고팠지만 그냥 나올 수밖에 없었다. 중국 특유의 향이 진동하는 학생 식당을 접하게 될 기회는 앞으로도 널려 있다. 나와서 복사실을 찾아 설문지 30장을 복사하고 5위안(850원)을 지불했다. 학교에는 운동 시설이 정말 끝내주게 갖추어져 있었는데, 농구 골대가 엄청 많은 것은 물론이고(농구를 사랑하는 중국인) 탁구, 테니스, 배드민턴 시설도 모두 충분히 마련되어 있었다. '역시 대학은 넓고 볼

하얼빈공업대학교

일이다.'

이제 오늘 마지막 과제는 설
문조사인데…. 걸어가면서 솔
직히 조금 막막했다. 일단 날
이 약간 어두워진 데다(5시

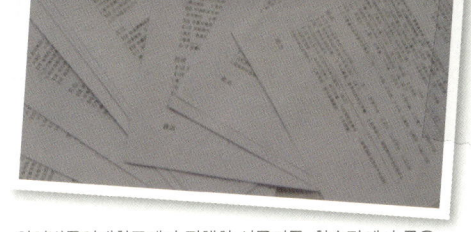
하얼빈공업대학교에서 진행한 설문지들, 학습란에서 공유

정도였지만) 너무 추웠다. 그리고 배도 고팠다. 막막하고 난 혼자고 약
간 행색도 거지 같고…, 중국에 막 와서 2년간 안 쓰던 중국어를 쓰려
니까 자신감도 줄어들었다! 그러나 다시 파이팅 넘치게 기숙사 근처에
서 설문을 시작했다. 경비 아저씨가 잠시 제지(?)하기도 했으나 이내 조
금 떨어진 곳에서 조사하는 것을 허락받고 약 한 시간 동안 진행했다.
그리고 작업은 곧 마무리되었다.

이날 저녁은 과교미선(过桥米线, 꿔챠오미쏀)이란 녀석인데, 매콤 국물
쌀국수 정도로 묘사할 수 있을 것 같다(중국 음식 이름에서 많이 등장

꿔차오미쎈(过桥米线), 매콤 국물 쌀국수라고 부르자

하는 미쎈(米线)은 쌀로 만든 면을 의미함). 아무튼 내가 먹은 것도 일
종의 쌀로 만든 국수(米线)다. 过桥米线은 꽤 유명한 미선(米线) 중 하
나라고 할 수 있겠고, 운남의 대표적인 먹거리로서 운남성에 가면 이에
대해서 좀 더 자세히 설명할 수 있을 것 같다. 이 음식점은 소비자에게
매움의 등급을 선택해서 먹을 수 있게 해주었는데(안 매움/조금 매움/
중간 매움/아주 매움), 나는 중간 매움에 들어갈 고기를 닭고기로 해서
주문했다. 중간 매움이라고 하지만 확실히 매워서 혀가 싹 마비되는 느
낌이었다. 혀와 입술 주위가 느끼는 매움으로 '화~'함이 대단하다. 얼큰
한 국물에 상당한 양의 면이 허기져 있는 내게 적합했다. 가격은 10위
안(약 1,750원).

참 바쁘면서도 보람차게 지나간 하루다. 작성된 설문지를 보고 있자니
매우 뿌듯했다.

파인애플을 파는 과일상

**흑룡강성 하얼빈**
✈ **신호등은 없고, 차는 쌩쌩!**

중국 하얼빈 여행도 이제 3일째. 갈 길이 멀다. 진심으로 마음속 깊숙

이 이 말이 흘러 나오고 있었다. 오늘도 아침 일찍 숙소를 나섰다.

중국 길거리를 돌아다니다 보면 곳곳에서 과일 파는 사람들을 볼 수

있다. 그 중에서도 나는 파인애플 조각 판매의 단골 손님인데, 보통 1~2위안 정도 한다. 망고, 수박, 참외 등등!! 쉽게 볼 수 있고 가볍게 살 수 있어, 과일을 좋아하는 사람들은 한 번 중국을 다녀오면 이 맛을 잘 잊지 못하는 것 같다. '나도 포함해서 말이죠.'

음식점 메뉴판

길을 걷다 배가 고파서 들어간 음식점에서 잠시 메뉴판을 살펴보았다. 일반적으로 중국 음식점은 진짜 취급을 하든 안 하든 간에 최소 50여 개 이상의 메뉴를 자랑하는데, 일부만 소개하면 다음과 같다. 첫 면은 크게 간식/탕류/덮밥 및 볶음밥으로 나뉘어져 있는데 벌써 20개를 훌쩍 넘었고, 뒤에 3면이 더 있다. 메뉴 간식란에는 우리가 흔히 먹는 바쓰(고구마 맛탕을 생각)와 옥수수로 만든 간식 등이, 탕으로는 김과 두부를 이용한 것이나 계란과 토마토가 섞인 것 등이 보인다. 참고로 계란과 토마토의 조합은 중국에서 아주 많이 쓰이고 또 우리 입맛에도 맞으니 기억해 두면 좋을 것이다. 마지막으로 덮밥을 보면 내가 어제 먹었던 띠싼셴(감자-가지-고추 볶음) 덮밥이 맨 앞에 보이고, 그 뒤로 어향(鱼香) 계열의 여러 가지 덮밥, 그리고 한국 계란 볶음밥과 맛이 똑같은 양저우 볶음밥(扬州炒饭)도 눈에 띈다. 나중에 하나하나 먹으면서 사진과 함께 연구해 봐야겠다는 생각을 했다.

여기서 내가 고민 끝에 먹은 음식은 쏸차이펀(酸菜粉), 한국말로 풀면 절임배추 당면 정도 되겠다. 쏸차이(酸菜)는 배추를 절여서 시큼하게 만든 것으로 동북아의 대표 음식 중 하나이고, 뒤에 펀(粉)은 그냥 당면을 말한다(어제 먹은 꿔챠오미센의 끝 말 미센은 쌀국수(米线)를 의미했음). 음식 평가를 하자면 '맛있다'. 이 정도 맛이라면 좋다. 아주 느끼하거나 기름이 많지도 않고 절인 배추의 맛이 잘 느껴진다. 음식 값으로 8위안(약 1,400원)을 지불하고 나왔다.

쏸차이펀(酸菜粉), 절임배추 당면

과일이 담긴 병들

술병들

다음으로 근처 상가의 물건들을 살펴보았다(한국에서 와서 견학 차 사진을 찍으려 한다고 했더니, 아주 머니께서 아주 친절하게 계속 찍으라고 해주셨음). 상가 물건들을 보며 확실히 중국인들이 과일을 많이 먹는다는 것을 다시 확인할 수 있었다. 길거리에서도 많이 팔거니와 병에 담아서, 혹은 봉지에 절여서도

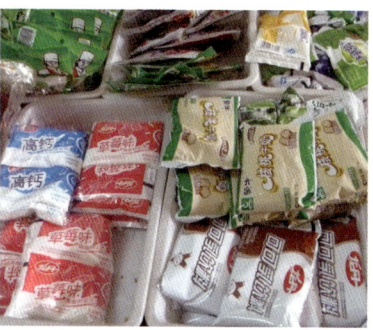

봉지 우유

포

중국의 대표라면 캉스푸(康师傅)

많이 판다. 병에 담긴 것은 보통 10위안 정도 했고, 20위안을 넘는 경우도 별로 없었다.(대략 2,000원.) 술은 가격이 천차만별이다. 가격을 보니 9위안(약 1,600원)이라고 적힌 병도 보인다. 일단 여기 매장은 9~20위안 정도로 무리 없이 한 잔 하실 수 있겠다. 다만, 가짜 술 마시다가 사람 죽었다는 이야기를 종종 들었던 만큼(물론 비율은 낮겠으나) 중국에서 술은 어느 정도 가격이 나가는 것으로 마시는 것이 좋을 것 같다. 생각해 보니 이렇게 싼 값에 술을 만들려고 하다 보니 가짜가 나오는 것 아닐까? 또 중국에서 많이 볼 수 있는 것들은! 바로 동그랗게 종이팩에 담긴 우유다. 한국에서 항상 길고 네모난 팩에 담겨 있는 것만 보다가, 이렇게 엉성하게(?) 담긴 것을 보면 어떻게 먹나 싶기도 한데, 저렇게 많이 판다. 초코, 딸기, 생우유 맛 등 다양하다. 아마도 원가절감 차원에서 이렇게 제작하는 듯싶다. 매장 한 켠에는 캉스푸(康师傅) 컵라면이 빽빽하게 진열되어 있었는데(이 밖에도 다양한 종류의 라면이 진열되어 있었음), 이 라면은 단언컨대 중국인들이 가장 즐겨먹는 컵라면일 것이다. 가격은 3.2위안에 1통이라고 쓰여 있다(세일 가로 약 500원). 중국에서의 라면 가격은 한국 절반 정도가 아닌가 생각한다.(한국 '신라면' 등도 매장에 진열되어 있었음, 역시 라면은 한국이 진리!)

중국인들은 음료수로 (한국처럼) 코카콜라, 펩시, 환타, 스프라이트 등을 즐겨먹는데, 여기에 하나 추가하자면 중국 전통 음료인 냉차(涼茶)도 많이 팔린다. 이렇게 음료수 병에 파는 냉차는 주로 달콤한 편이다. 대표적인 브랜드로는 광고에 자주 나오는 '왕라오지(王老吉)'가 있는데, 여기에 대해서는 나중에 다시 살펴볼 기회가 있을 듯하다.

흑룡강성 도서관, 지역 도서관 같은 곳이다

유럽풍의 일반인 거주지

지나가는 길에 이곳 저곳 들르며 사진을 찍었다. 도서관은 대단히 깔끔하게 잘 정리되어 있는 느낌이었고, 부모님이 아이들에게 책을 읽어 줄 수 있는 공간이 따로 마련되어 있었다. 일반 거주지에는 입구 쪽에 보안 요원이 배치되어 있어서, 나 같은 침입자(?)는 제지당해 들어갈 수가 없다. 유사한 아파트 단지를 3개 정도 본 것 같다. 이 밖에 헬스장도 들어가 봤는데, 한달 가격이 1,200위안(약 20만 원) 정도 된다. 1년 회원은 80만 원 정도인데, 수영장 포함 총 6층에 걸친 시설들을 이용할 수 있다는 점을 생각해 보면 한국인 기준으로 볼 때 아주 마음에 든다. 하지만 일반 중국인들의 월수입이 약 2,000~4,000위안임을 떠올리면, 현지에서는 대단히 부담스러운 가격이다.

하얼빈시의 명소 용탑(龙塔)

사진의 탑 이름은 롱타(龙塔, 용탑)인데, 많은 하공대(하얼빈 공업대학교) 학생들이 추천한 하얼빈 시 명소다. 탑의 높이는 336m이고 오락, 방송전파, 기상탐지, 통신, 신호발사 등의 역할을 담당하고 있다. 용탑 내부에 들어가서 정상으로 올라가는 비용을 물어보니 155위안(2.7만원)이란다. 비싸서 예산 절약 차원에서 안 올라갔는데, 지금 생각해 보니 아쉽다. 높은 곳에서 도시를 조망하는 것은 도시 이해에 큰 도움이 되기 때문이다.

용탑을 찍고 돌아가려고 하는데 신호등이 없는 횡단보도에 걸렸다. 이

신호등 없는 대로

제 중국에도 신호등 체계가 점차적으로 자리를 잡아가고 있지만, 아직도 이렇게 넓은 도로인데도 신호등이 없어서, 지나가려면 눈치 보며 가는 수밖에 없는 곳이 종종 있었다. 오랜만에(2년 만에) 경험하는 익숙하면서도 낯선 문화적 쇼크였다(여행 후반부에는 신호등 없는 도로를 지나갈 때, 매그니토가 자동차 조종하듯이 손 내밀고 막으며 다녔음).

돌아가는 길에 갑자기 비가 내리고 날이 어두워져서, 슬슬 카메라도 안 먹히기 시작했다. 다리 밑에서 춤추는 어르신들을 좀 지켜보다가(지금 생각해보니 도대체 무슨 춤이었는지 알 수가 없다), 이내 근처 음식점으로 들어가 저녁으로 만둣국을 사 먹었다. 이름은 훈툰(馄饨)인데, 그냥 우리가 생각하는 물만두라고 보면 된다. 다만 안에 샹차이(香菜, 향채)가 들어 있어서 향을 싫어하시는 분들은 꼭 빼고 먹어야겠다. 밥을

하얼빈 맥주

훈툰(馄饨) 만두국

먹고 숙소에서 3위안에 구입한 하얼빈 맥주를 마시다(참고로 근처 상
가에 빈병을 돌려주면 5마오(약 80원)를 준다. 그래서 쓰레기통을 뒤지
는 중국인들을 종종 볼 수 있는 것이
다) 한 하공대 학생이 소개시켜 준 짜
오위(赵渝)라는 친구를 만났다. 같이
맥주 한 잔 하면서 그렇게 하루가 다
지나갔다.

짜오위와 찍은 사진

오늘 배운 점은, 모든 기관(학교, 은행, 방송국, 도서관 등의 단위)에는
일반적으로 경찰이나 군인 혹은 보안요원이 배치되어 있다는 점과 보
안요원은 경찰, 군인과 구별되며, 공적이긴 하나 경비원에 더 가깝다는
점을 들 수 있겠다. 아! 그리고 며칠간…, 이 제복 입은 사람들이 참 좋
아졌다. 이분들이 길을 참 친절하게 알려 주시기 때문이다. 괜히 초록
색 옷 입은 사람 보면 무서워하지 말아야겠다.

하얼빈시에서 본 월마트

### 흑룡강성 하얼빈
✈ 중국인들이 좋아하는 간식거리
닭모가지(鸡脖)

하얼빈 생활도 이제 4일째, 하얼빈도 이제 조금은 익숙해져 간다. 역시 아침 일찍 숙소에서 나와 걷고 있는데 까르푸 고객 전용 운송버스가 서 있는 것이 보인다. 어제는 월마트를 봤으니, 하얼빈에는 월마트, 까르푸가 모두 진출해 있는 것이다. 하얼빈의 소비력이 해외상으로부터 높은 평가를 받고 있음을 알 수 있었다. 혹은 잠재 가능성을 보고 투자한 것이거나.

오늘은 하얼빈 시의 다양한 모습을 사진에 담고 최종적으로는 다음 목적지인 길림성으로 가기 위해 기차역에 가서 표를 사갖고 돌아올 계획이다. 길을 걷다 목이 말라서 중국 여행 하면 빼놓을 수 없는 쩐주나이차(=밀크티)를 하나 샀다. 맛은 가장 평범한 종류인 토란(香芋) 맛을 택했는데, 이게 지금 한국에서 유행하고 있는 공차 메뉴의 '타로' 맛일 것이다. 가격은 4위안(700원)으로 한국에서 마실 때 가격의 1/5이 안 되는 수준이다. 쩐주나이차는 우유+물+설탕에 검은색 공모양의 젤리로 완성되는데, 이 젤리를 흔히 진주라고 불러서 진주(=쩐주) 밀크티(나이차)이다. 나이차를 마시며 걸어가는데, 숙소 근처 하얼빈 공업대학을 지나치게 되었다.

군복을 입은 학생들

주변에는 군복 비슷한 옷을 입은 학생들이 많이 보인다. 하공대 학생 중에 일부는 군인이 되는 것으로 알고 있는데, 한국의 학군(學軍)과 비슷한 개념으로 이해해야 할지도 모르겠다.

대학교 부근 대형 전자상가 앞 자전거 수리상이 눈에 띄었다. '북경 자전거'(중국 농민공의 삶을 보여주는 짠한 영화)라는 영화가 있을 정도로 북경 하면 자전거를 많이 떠올리는데, 사실 자전거는 중국 대부분 지역에서 삶의 중요 교통수단으로 자리 잡고 있다. 자전거 수리상은

자전거 수리상

이들의 어려움을 해결해 주는 매우 친절한 고급(?) 기술자로 타이어 펑크 혹은 어떤 문제가 생겼을 때 자전거를 고쳐 주고 일정 금액을 받는다. 대체로 5마오에서 2위안(100~400원) 선에서 해결이 될 것인데, 타이어를 갈아야 한다거나 할 경우에는 20위안(3,500원) 정도 지불하게 될 수도 있다.

복잡한 도로, 하얼빈시 교통대란이 심각하다

하얼빈 기차역 쪽으로 방향을 잡고 가고 있는데 도로 상황이 말이 아니다. 길이 엄청나게 막혔던 관계로 어떤 사람이 기사 분에게 중간에 문을 열어 달라고 하여 나가자 많은 사람들이 같이 내렸다. 나도 이때 같이 나올 수 있었다.

꿔바로우(锅包肉), 중국식 탕수육

나와서 점심을 먹기 위해 음식점을 찾았고, 오늘의 요리는 고민 끝에 동북 지역의 대표 요리이자 많은 한국인에게 사랑을 받고 있는 꿔바로우(锅包肉)로 정했다. 꿔바로우는 흔히 중국식 탕수육 정도로 우리에게 알려져 있는 것 같다. 이는 돼지 등살에 밀가루를 입히고 설탕+식

길거리에서 흔히 볼 수 있는 대륙의 성인마트

물고기를 작은 원형 플라스틱 통에 담아 팔고 있었다

지하상가 모습

초 등으로 양념한 후 당근, 향채(샹차이), 양파 등을 썰어서 함께 먹는 요리다. 단맛과 식초 냄새가 좀 나고 나머지 것은 거의 탕수육과 맛이 비슷하다고 볼 수 있는데, 가격은 20위안(3,500원) 정도 한다. 한국에서 보통 만 원 정도 내고 먹던 것을 생각하며 배부르지만 꾸역꾸역 내장 속에 다 밀어 넣고 나왔다. 참고로 중국 길거리에서 '성(性)'이라고 적힌 간판을 종종 볼 수 있는데, 성-다이어트 관련 제품을 파는 곳들이다. 한국에서는 쉬쉬하며 골목 혹은 지하에나 있을 법한 장소가 눈에 잘 띄는 곳에 드러나 있는 점이 인상적이다. 여행 중에 수갑, 채찍 등이 전시되어 있는 매장(극단적 사례이므로 일반화 불가함)도 본 기억이 새록새록 난다.

이윽고 하얼빈 기차역 부근에 도착했다. 기차역으로 가는 지하통로에는 다양한 상가들이 빼곡히 늘어서 있는데, 물고기를 작은 플라스틱 통(어항 삼아)에 담아 5위안(약 1,000원)에 파는 모습이 눈에 띈다. 전자 오락실도 보이고 가방 파는 곳, 시계 고쳐 주는 곳, 장난감 파는 상가 등 한국과 크게 다를 바 없는 모습이다.

하얼빈역

인파로 바글바글한 역 안 모습

지하통로를 거쳐 하얼빈 역에 도착!
역의 웅장함에 놀라고 사람의 바글
바글함에 다시 한 번 놀란다. 기차
표 소진이 빠르니 유의하자. 다음
날이 5월 1일 노동절이라서 사람
이 유독 더 많았던 것 같기도 하다. 기차역은 아무래도 붐비고 짐 많
은 여행객들이 왕래하는 곳이다 보니 부근에 물건 맡기는 곳이 있는데
(寄存이라고 쓰여 있다), 이곳의 가격은 다음
과 같으니 참고하도록 하자. 큰 짐은 30위안
(약 5,000원), 일반 짐은 10위안(1,750원), 비
닐봉지류는 5위안(1,000원) 정도이니 비싸지
도 않다. 기차 탑승까지 시간이 많이 남았다
면 짐 맡기는 걸 고려해도 좋을 것 같다.

쓰레기 줍는 할머니

번화한 하얼빈시의 모습

146일간의 중국 일주, 무엇을 보았나? 솔직히 맨 먼저 생각나는 말은 '가난함을 보았다'이고 그 다음이 '발전했음을 알았다'인데, 발전의 뒷모습이라고 해야 할지? 중국에는 쓰레기통을 뒤지는 할머니, 할아버지, 심지어는 아이들을 흔히 볼 수 있다. 어제도 이야기했지만 일부 병(맥주병이라든가)을 회수해서 가져가면 5마오(80원) 정도를 받을 수 있기 때문에 이런 일을 하는 사람이 굉장히 많다. 그래서 쓰레기를 막 버려도 분리수거가 이들에 의해 알아서 될 정도다. 가득한 차량과 높이 솟은 건물의 이면이라고 할 수 있겠다. 그래도 발전의 혜택을 받은 사람이 많고 중국의 생활 수준이 날로 높아지고 있으니 밝은 미래를 기대해 본다.

돌아오는 길에 공공 화장실이라고 쓰여 있는 곳이 보여 들어가려는데, 관리자가 있어 5마오(80원)를 내야만 들어갈 수 있었다. 공공 화장실이 우리가 생각하는 그것과는 조금 다른 개념일 수 있다는 점은 기억해 둘 만하다. 길거리에 있는 간이 목욕탕에는 목욕 6위안, 때밀기 6위안 이라고 적혀 있었는데, '가격이 한국 돈 1,000원 정도니 저렴한 편이군.' 이라고 생각하며 지나갔다. 또 지나가면서 본 미용실은 50위안 카드 충전에 머리 7번을 깎아 주었는데, 1번 깎는 데 1,400원 꼴이다.

돌아오는 길에는 3위안(500원)에 닭모가지(鸡脖)를 사서 먹으며 돌아 왔다. 모습은 조금 충격적이지만 먹을 만하다. 뭐, 이것도 치킨이니까.

추가적으로, 중국 노래를 내려받고 싶으면 BAIDU(중국 포털)에서 '酷 我音乐盒'를 치고 들어가 pc판 버전을 내려받도록 하자. 다양한 종류 의 노래를 내려받을 수 있어서 첫 날에 산 MP3에 180곡 정도 내려받았 다. 하얼빈 여행은 내일이 마지막이 될 예정이다.

닭모가지(鸡脖), 중국인들이 좋아하는 간식거리다

성소피아성당 외관.

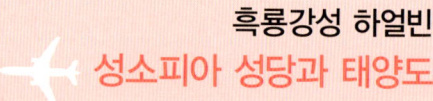

흑룡강성 하얼빈
성소피아 성당과 태양도

아침은 양저우 볶음밥(扬州炒饭)으로 시작했다. 아주 무난하게 맛있는
계란 볶음밥 맛이라고 생각할 수 있는데, 흔히 중국 음식에 익숙지 않
은 한국분들이 가장 많이 시켜 먹는 음식 중 하나다.

양저우차오판(扬州炒饭),
양저우시의 이름을 딴 볶음밥

아, 그리고 개인적으로 느끼기에 중국에는 엄청 뚱뚱한 사람이 별로 없는 것 같다. 기름진 음식으로 일관된 메뉴가 그렇게 많은데, 왜 이렇게 마른 사람들이 많은 것일까? 여러 가지 이유가 있겠지만, 음식에 기름이 많고 단맛이 적으면서 짠맛 위주인 음식이 많아, 먹다 보면 계속 먹고 싶은 생각이 별로 안 들기 때문인 것 같다(역시 개인적인 생각). 단맛으로 계속 당기는 게 없으니까 굳이 조절하지 않아도 과식하지 않는…, 그렇게 생각해 본다.

이날은 하얼빈에서 보내는 마지막 날인 만큼 뭔가 화려한(?) 것을 보고 싶었다. 그래서 여러 하공대 학생들이 추천해 준 이 도시의 강추! 성소피아 성당과 태양도를 방문하기로 계획했다. 밥을 먹고 나와 삥홍차(레몬 아이스티) 한 병을 4위안(약 700원)에 사서 들고 마시면서 성소피아 성당 방향으로 걸어갔다.

중간에 신호등 없는 대로변을 건너기도 했고, 특이하게 생긴 큰 개도 보았다. 여행하면서 느낀 것이, 중국인들의 개 사랑이 또한 유별나다는 것이었다. 정말 많이 키우기도

캉스푸에서 만드는 레몬티, 삥홍차는 갈증해소에 최고다

중국에는 큰 개 혹은 특이하게 생긴 개가 많다

성소피아성당 광장

성소피아성당 외관

성소피아성당 내부

하지만, 우리나라 사람들처럼 무난하게 생긴 느낌의 개를 키우는 것이 아니라 큰 개 혹은 특이하게 생긴 개들을 많이 키우는 것 같다. 선호하는 종이 우리와 달라서 그럴 수도 있겠지만, 확실한 건 우리나라 사람들이랑 키우는 종이 판이하게 다르다는 점이다.

소피아 성당 옆 광장에서는 분수 쇼가 한창이었고 대단히 많은 사람들이 몰려 있었다. 20위안(3,500원)을 주고 성당 내부로 들어갔는데, 내부에는 사진 몇 점 외에 고풍스러운 흔적을 제외하고는 조금 실망스럽게도 볼 것이 없었다. 소피아 성당은 1907년에 건설되기 시작하여 1960년 폐쇄되었다가 창고, 연극 장소로 쓰였다. 그 후 1996년 11월 국무원으

인산인해를 이룬 장소피의성당 부근

맑은 송화강의 모습, 아름답다

로부터 중요 보호 대상으로 선정되면서 현재 하얼빈 건축예술관으로 거듭나게 된 것이라고 한다. 나는 내부 모습을 조금 보다가 나와서는 인산인해를 뚫고 태양도로 향했다.

중국 공원에 빠질 수 없는 높이 나는 연의 모습

이때 다시 첫 날 보았던 송화강의 모습을 볼 수 있었는데, 첫 날의 칙칙함과는 달리 밝고 아름다웠다. 부근 공원인 방홍 기념탑 역시 인산인해를 이뤘는데, 여기저기서 높이 날고 있는 연이 매우 인상적이었다. 보통 한국에서는 사람이 저렇게 많이 몰려 있는 곳에서는 남에게 폐가 될까봐 연 같은 것은 날릴 생각을 못 할 법도 하다는 점을 생각하면, 중국 특유의 자유분방함을 잘 알 수 있다. 또한 연 모양 자체도 개성이 강하다.

태양도 산책

나는 여기서 10위안을 내고 태양도로 가는 배를 탔다. 태양도는 4A급 관광 지역으로, A 개수로만 볼 때는 평타 이상의 명소라고 할 수 있다. 20세기 초 이주민들에 의해 개발되었기 때문인지 러시아의 영향이 곳곳에서 눈에 띤다.

이곳 역시 자전거를 빌려 주는 곳이 있는데, 30분에 무려 30위안(약 5,000원)이나 하는 데다 신분증을 맡겨야 했다. 물이 있는 곳에는 항상 그렇듯 낚시하는 사람들도 보였는데, 허가는 받고 하는 것인지 도무지 알 수가 없었다. 이 밖에 극지관이라고 하는 해상동물 쇼를 볼 수 있는 장소가 있었다. 나는 공원과 그 부근을 배회하다 나왔다.

왔던 길 반대 방향으로 강을 넘어서니 인적도 많이 드물어지고 차도 많이 적어졌다. 버스를 타고 한참 올라가니 이곳의 베드타운, 서울로 치면

호수와 풍차가 있는 아름다운 거주지역

일원동 같은 느낌의 아파트들이 보였다. 이곳에 들어가려면 문 앞 경비실을 거쳐야 하는데, 거주 카드가 없으면 들어갈 수가 없다. 한국에서는 정말 부촌에서나 이런 모습을 볼 수 있는 반면, 중국에서는 꽤나 빈번히 볼 수 있는 광경이다(안에 지인이 있을 경우에는 특별히 경비실에서 인증을 받고 들어갈 수 있음). 나는 어느 아저씨에게 부탁하여 같이 안으로 들어왔다. 그냥 중산층 거주 지역에 불과한데 호수도 있다. 호수 뒤에 보이는 풍차는 이해 불가지만 예뻤다.

돌아오는 버스 안에는 온갖 광고가 붙어 있었다. 마침 버스기사 모집

버스 안 모습

불신지옥(不信上帝下地獄)

광고가 있어 살펴보니 월급이 대략 2,000~4,000위안 수준이다. 한국 돈으로 35만 원에서 70만 원 정도가 된다. 이밖에 버스 위 경로석 문구가 눈에 띈다.

숙소 부근에서 재미있는 낙서를 발견했다. 대략 '불신지옥'이라는 내용인데, 신을 믿지 않고 인간을 믿는(예를 들어 관우, 공자) 나라인 중국에서 대단히 희귀한 내용이라 재미있고 신기했다. 아, 그리고 오늘 공원마다 사람이 인산인해를 이루었던 데는 다 이유가 있었다. 오늘이 5월 1일 노동절이었던 것이다. 노동자를 위하는 슬로건(?)을 내거는 공산당은 이 날을 중시하여 무려 3일간의 휴일을 주고 있다. 그래서 오늘은 장사를 안 하는 상점이 많았었구나!

저녁으로는 황꽈무얼(黃瓜木耳)을 먹었다. '오이 목이버섯 볶음' 정도의 음식으로서 술 안주로 좋을 정도의 요리이지만, 나는 이걸 주식으로 먹었다. 아주 기름지게 오이+당근+목이를 볶아 놓은 것이 먹을 만했다. 오늘 여정과 흑룡강성의 일정은 이렇게 모두 마무리되었다.

황꽈무얼(黃瓜木耳), 오이 목이버섯 볶음

# 중국 공산당 지도부는 어떻게 선출되는 것일까?

현 중국의 1인자 시진핑
출처 : 바이두백과사전

중국 공산당이라는 조직은 전공자들이라 할지라도 공부할 때마다 새롭게 느껴질 정도로 복잡한 측면이 있습니다. 따라서 4년을 공부했어도 그다지 알지 못하고 졸업하는 경우가 많은데, 이번 기회에 최대한 간단하고 복습되어 머리에 쏙쏙 들어올 수 있도록 정리하겠습니다.

일단 중국 공산당은 18세 이상의 중국인이라면 모두 가입이 가능합니다. 이때 공산당원 2명 이상의 추천과 공산당 강령에 대한 준수, 인정이 필요한데요, 강령에는 회비납부, 무신론 등이 명확히 제시되어 있다고 합니다. 이렇게 가입 자체가 어렵지 않은 만큼 중국에는 8~9천만 명이 공산당에 가입되어 있습니다. 여기서

부터 시작해서 아래와 같은 순으로 지도부를 선출합니다.

1. 중국에는 약 8,500만 명의 공산당원이 있습니다.
   이를 50만 명, 그리고 몇 만 명 등으로 재선출하고,
2. 최종적으로 2,000여 명의 # 기 중국 공산당 전국대회 대표를 선발해 냅니다.
3. 전국대회 대표 약 2,000명은 매 5년마다 북경 인민대회당에서 모입니다.
   이들은 인민대회당에서 공산당 주요 문제를 검토, 결정하고 '중앙위원회' 위원과 '중앙기율검사' 위원을 선출하는데,
4. 이렇게 선출된 '중앙위원회' 위원과 '중앙기율검사' 위원은 약 500명입니다.
   이들은 그야말로 공산당의 핵심 세력이며, 다시 선거를 통해 30여 명의 절대자를 선출합니다.
5. 중국의 절대적인 권력자는 총 30여 명 가량 선출되며, 이들이 바로 중앙정치국 위원입니다. 20여 명은 그냥 중앙정치국 위원이고, 한 자리 수 인원은 중앙정치국 상무위원으로 진정한 중국의 리더가 됩니다. 많이 들어본 이름인 후진타오/시진핑/리커창 등이 여기에 속하지요.

현 중국의 2인자 리커창
출처 : 바이두백과사전

6. 이들 최강의 10명 남짓이 다시 한 자리 수의 중앙군사위원을 지명하는데, 이는 공산당 최고 권력자가 군권을 쥠을 의미합니다.

이를 다시 정리해 보겠습니다.

1. 중국 공산당원은 약 8,500만 명
2. 전국 대표(5년마다 1회 소집), 2,000여 명으로 추려짐
3. 중앙위원+기율검사위원(1년에 1회 이상 소집) 500명으로 추려짐
4. 중앙정치국위원(상무위원은 수시) 30여 명으로 추려짐
5. 중앙정치국 상무위원 10인 이하, 중앙군사위원 10인 이하

인원 선정의 가장 꼭대기는 군대이며, 이는 중국에서 아직까지도 군대가 얼마나 강력한 힘을 가졌는지를 잘 보여줍니다. 북한도 사실상 군권을 쥔 쪽이 실세인 것과 어느 정도 비교할 수 있는 부분입니다. 독재를 하려면 강력한 힘이 있어야 하는 것이죠.

추가적으로 몇가지 다시 정리해 보자면, 중국 공산당 중앙기율검사 위원회는 좀 생소할 수 있는데, 이들은 공산당원을 대상으로 교육하고, 당 정책이 잘 수행되고 있는가를 검사하며, 경우에 따라서는 공산당 제적 등 조치를 취할 수 있는 집단입니다. 부정부패 조사 등 임무를 수행하기 때문에 아주 무시무시한 집단이지요. 중국 공산당 상위 500위 안에 드는 집단이라는 것을 생각해 보면 그 힘을 가늠할 수 있습니다. 이 밖에 전국대표대회가 5년마다 1차례 소집되는 이유는 중앙위원회와 기율심사위원회의 보고를 검토하고 주요사항 결정 및 '중앙위원회' 위원을 선출하기 위함입니다.

# 길림성(吉林) 장춘(长春), 연길(延吉)

인구 2,750만 명(2012)
지역총생산 11,937억 위안(2012)
면적 18.7만 제곱 킬로미터 (남한 면적의 약 1.9배)

〈통계 출처: 『Baidu 백과사전』〉

## 역사 문화

길림성은 예로부터 많은 소수민족이 번성하
던 지역이다. 여진족, 만주족, 부여, 고구려 등
의 활동 무대였으며, 이는 조선족과 거란족,
몽고족 등의 번성으로 이어졌다. 현재 길림
성은 조선족과 만주족의 문화와 중원의 문
화가 융합되어 독특한 지역 문화를 형성하고
있다.

사람으로 가득 차 있는 대합실

**길림성 장춘**
✈ 가방의 오물은 누가 묻혔나

네이버에서 '날씨'를 검색하면 맑음/기온/강수량 등 정보를 볼 수 있다. 나는 한국에 있을 때 날씨가 맑은지 어두운지, 추운지 춥지 않은지를 항상 신경 쓴다. 이곳 중국은 날씨를 검색할 때 부가적으로 꼭 나오는 정보가 있는데, 그것은 '바람의 급수'다. 중국은 날씨에 꼭 바람의 급수, 바람 세기까지 표기한다. 금일 서북풍 1급 바람이니, 동남풍 4급이니 하면서 바람 방향과 바람 세기까지 전달해 주는데 그럴 필요가 있나 싶었다. 근데 중국에서 느껴 보니까 생각이 달라졌다. 지역별로 바람 세기가 너무 다르다. 이것이 대륙의 바람인가?

이 날 일기예보에는 바람 급수가 '5-6급'으로 나타나 있었는데, 보행에 지장이 있을 정도였다. 대략 0 무풍, 1~2 약한 바람, 3 보통, 4 거슬리는 바람, 5 센 바람, 6 보행에 약간 지장, 7급 이후부터는 재해급이라고 볼 수 있다. 혹시 중국에 있을 때 일기예보에 6급 이상의 바람이 표기되어 있으면 외부 스케줄을 조금 조정하는 것도 좋겠다. 아무튼 이 날은 하얼빈을 떠나 장춘으로 가는 날이자 여행을 떠나기 전 동료모집 공고(?)에 응해 주었던 이충일 씨를 만나기로 한 날이다. 그와는 일주일 정도 동행하게 될 것 같다.

기차표 내역

오물이 묻은 가방

나는 8시 34분에 출발하는 기차를 타기 위해 아침 일찍 숙소를 나섰다. 기차역 대합실은 역시 사람들로 가득 차 있었고, 조금 일찍 도착한 관계로 잠시 기다리고 있었다. 그런데 도대체 어디서 나온 것인지 알 수 없는 오물이 가방에 묻어 있었다. 떠나는 판에 이런 황당한 일을 당할 줄이야. 내 소중한 가방에…, Dong이…, 개똥인지 사람 똥인지도 모를…. 다행히 이 부분만 묻어서 휴지와 물로 깨끗이 닦아 낼 수 있었다. 대합실을 보면 알 수 있지만 대단히 많은 사람들이 오가는 곳이고 일부는 여기서 잠도 자는 듯하여, 자리에 앉거나 짐을 놓을 때는 깨끗한지 확인하는 습관이 필요할 것 같다.

기차 승무원의 표 검사

우여곡절(?) 후에 기차를 타고 장춘으로 향했다. 중국에서 기차 타는 법은 아주 간단하다. 우선 표를 사야 하는데, 신분증 제시 없이 시간과 장소만 이야기하면 된다. 대합실로 들어가기 전에는 일반적으로 짐 검사를 하는데, 그렇게 엄격하지는 않다. 대합실에서 기다리다가 시간에 맞춰 들어가는데, 이때 표 검사를 하고 정해진 자리에 앉아 있으면 또 승무원들이 수시로 표 검사를 한다. 도착해서 나가면 되는데, 나갈 때 또 표 검사 가능성이 있으니, 표는 완전히 밖으로 나간 뒤 버리도록 한다.

장춘역 앞

기차역 부근은 흔히 붐비는데 이곳도 정말 대~단하다. 길거리 소상인들하며 행인들로 가득 차 있다. 또 기차역 하면 빠질 수 없는 것이 KFC. 앞으로도 계속 보게 될 '컨더지'라고 불리는 이 KFC는 대단히 사랑받고 있고(중국 패스트푸드 계의 1인자) 대단히 현지화된 음식들을 많이 제공하고 있으며, 기차역 부근에 꼭 위치하고 있다. 가능하면 중국 요리만 먹기로 다짐한 나는 KFC를 애써 외면하고(나는 햄버거를 대단히 좋아한다) 실거리에서 파는 소시지 꼬치, 계란 꼬치를 각각 2위안, 3위안 (300~500원)에 사먹는 것으로 잠시 타협하고, 근처 사천 음식집에 가서 딴딴멘을 먹었다.

딴딴멘이라고 하면 향이 강한 매운 짬뽕 정도로 설명할 수 있는데, 한국인들에게도 잘 알려진 유명한 사천 음식으로 대단히 대단히 맵다.

딴딴멘(担担面)

혀가 마비되는 그런 중국 특유의 '화~'한 매움을 느끼게 해주는데, 이는 한국에서 매운 냉면 먹고 도저히 그 매움을 참을 수 없어 계속 물을 들이키고 '하악하악'거리는 그런 매움과는 또 다른, 한국에서는 느낄 수 없는 새로운 매운 맛을 보여준다. 맛 자체는 짬뽕과 큰 차이가 없으나 청량고추 성분이 많이 첨가되어, 먹고 나면 속이 안 좋게 될 것이다. 나는 이 날 겁도 없이 한 그릇 깨끗이 해치우고 나섰다(그리고 밤에 속이 탈 났었지).

버스 안 경로석

나는 합류하기로 한 이충일 씨와 만나기 위해 약속 장소인 장춘 시 최고학부 길림대학으로 향했다.. 가는 길에 탄 버스에는 '경로석'이라는 한자가 진하게 적혀 있었다. 하얼빈에서 보았던 그것과 유사하여, 나이와 상하관계에 비교적 자유로운 중국이라 할지라도 경로사상이 다시 퍼져 나가고 있음을(정부의 홍보와 교육) 알 수 있었다.

버스를 타기도 하고 걷기도 하다가 어렵사리 길림대학에 도착했다(길림대학은 중국에서 6~10번째를 오가는 명문대학이다). 중국에 대학과 사람이 한국보다 훨씬 많이 있음을 감안해 볼 때, 이 대학에 진학하기 위한 난이도는 한국 연고대 수준에 떨어지지 않을 듯하다. 그만큼 훌륭한 재원들이라는 건데…. 내 민감한 설문지에는 또 어떻게 반응해 줄지 대단히 대단히 기대가 된다.

길림대학 안에 들어서니 자전거 군대가!

학교에 들어서니 엄청난 숫자의 자전거가 보인다. 이게 뭘 뜻하는 건지는 나중에 알게 되었다. 학교가 엄청나게 크다! 이리저리 걷다 보니 길 잃은 수준이 되어버렸다. 길 가는 학생에게 나가는 길을 물었더니, 가까운 동문으로 나가려면 10분을 더 가야 한다고 한다. 이곳이 정녕 대학 안이란 말인가? 가도 가도 끝없는 넓은 땅

끝없이 이어진 대학교 안 모습

(당해 낼 자 없으리~!). 나중에 든 생각이지만, 중국 대학교는 마치 하나의 마을을 방불케 한다. 땅 덩어리가 큰 관계로 각지에서 온 학생들을 학교에서 수용하고, 이들을 먹여 살릴 식당과 다양한 문화생활 제공에 이르기까지…. 이것들이 모이면 그 규모가 어마어마하다. 그 중

에서도 길림대는 중국에서 가장 큰 대학 중 하나라고 하니(혹은 가장 큰 대학), 그 규모는 이루 말할 수 없을 정도이다.

대학 부근에서 잡은 컴퓨터 딸린 숙소

장춘 첫 날은 길림대학 부근에서 묵기로 정했다. 근처에서 45위안(약 7,000원)에 컴퓨터도 딸려 있고 깨끗한 방을 잡았다. 다 좋은데 뜨거운 물이 안 나오는 단점이 있었다. 숙소 잡을 때는 꼭 이걸 물어봐야 할 것 같다. 그리고…, 화장실은 위생 상태가 그냥 더러운 정도가 아니라 황당할 수 있으니, 직접 가서 눈으로 확인하자. 30~50 위안 정도로 잡으면 만족할 만한 것 같다. 이 날 밤 이충일(당시26세) 씨와 합류하여 간단한 축하 파티를 가졌다. 콜라와 파인애플, 말린 키위 및 포도에 약간의 술!

참고로 오늘 배운 내용은 이렇다. 우선 중국은 지역에 따라 바람이 대단히 강할 수 있으니, 일기예보를 볼 때 꼭 바람 강도도 확인하도록 하자. 길림대학을 찾을 때에는 전변거리(前边大街)에 있는 길대남교(吉大南校)는 어디 있는지…, 이렇게 물어보아야 사람들이 알 수 있다. 참고로 장춘에는 길림대가 2개 있는데, 남교가 명문대(길대남교)이고 이것이 흔히 우리가 말하는 길림대학이다. 그럼 오늘은 여기까지!

위에서 내려다본 찡위에탄 모습

**길림성 장춘**
✈ **편리한 지상열차 칭구이(轻轨)**

하얼빈을 떠나 장춘으로, 그리고 장춘 두 번째 날이 밝았다. 하얼빈에
서는 조금 오래 머무른 편이었는데, 중국에 처음 들어와 이것저것 준비
하다 보니 길어진 것이다. 중국 여행 일정이 상당히 빡빡한 관계로 이

길림대에서 한 설문조사

곳에는 잠시 머물렀다가 엔지(延吉, 조선족 자치주 연길)로 향할 생각이다. 그러니까 뭐 하나라도 더 보려면 보다 빡세게 돌아다니는 수밖에 없겠다.

마침 길림대 부근에 자리도 잡았겠다, 학교를 방문해서 후다닥 설문조사를 마치고 시가지로 나갈 생각으로 숙소를 나섰다.

백지장도 맞들면 낫다더니! 혼자 설문조사할 때보다 훨씬 더 수월하게 설문을 진행해 나갈 수 있었다. '일단 서먹하거나 쪽팔리는 것도 덜하고' 합류한 충일이와 함께 파이팅 넘치게 30장(인쇄비 9위안) 설문을 마쳤다. 민감한 내용을 많이 적어 놔서 더더욱 재밌고 보람(?) 있는 설문조사였다. 〈설문 결과는 학습5에서 공유〉

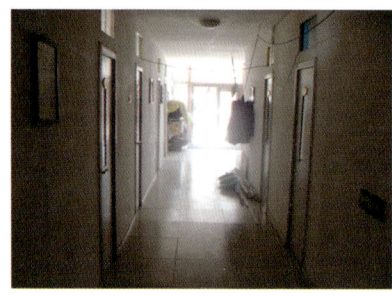
숙소 안 복도 모습

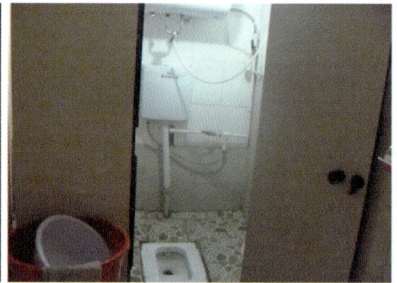
숙소의 화장실 겸 샤워장. 아주 좁아 빠질 수 있다?

어제 숙소는 뜨거운 물이 안 나왔었는데, 날이 아직 추워서 이래가지고는 씻을 수가 없다. 우리는 새 숙소를 잡기 위해 상당 시간을 방황했다. 이윽고 잡은 우리의 숙소!

뭐, 여기도 화장실 겸 샤워장이라는 점이 거슬리긴 하지만(화장실 사진에서 변기와 샤워기가 비슷한 위치에 놓여 있는 것에 주목), 가격이 40위안(7,000원)이고 컴퓨터도 딸려 있으니 저렴한 편이었다. 다만 목욕할 때마다 물을 데워야 하는데 오래 걸리면 한 시간이 걸릴 수도 있다. 물을 데울 때마다 주인은 따로 5위안(1,000원)을 받았다.

짜지앙미엔(炸酱面)

돌아다니다 보니 역시 배가 고프다. 그래서 근처 음식점을 갔는데, 이게 무엇인가? 짜지앙미엔(炸酱面)이 있는 것이 아닌가! 짜지앙미엔은 발음만 들어도 느낌이 오겠지만, 짜장면의 중국식 발음이다.

중국 짜장면은 대단히 짜고 단맛이 적다고 간단하게 설명할 수도 있겠지만, 지역별로 맛이 워낙 다양해서 쉽게 그 맛에 대해 논하기 어렵다. 예를 들어 저기 서북쪽 신장 자치구에서는 신장식 짜징면이라고 히어 단맛이 많이 들어간 짜장면이 있기도 하지만, 요즘 북경에서 만든 짜장면들도 단맛이 많이 들어가지는 않는 것 같다. 아무튼 여기서 먹은 짜장면은 단맛이 없는 짠 짜장면이었고, 이게 가장 대표적인 중국식 맛인 듯하다.

공기가 너무 안 좋다

편리한 교통수단 지상열차 칭구이(轻轨)

이 부근은 곳곳이 공사장이었는데 공기가 안 좋은 것이 카메라에 확실히 잡힐 정도다. 씻기도 하고 밥도 먹은 우리는(거지꼴을 면했다) 먼저 다음 목적지인 연길로 가는 기차표를 장당 70위안에 구매했다. 표를 사고 주위를 돌아보니, 기차 말고도 웬 지하철도 아닌 것이 있어 표를 팔고 있었는데, 궁금해서 묻지도 따지지도 않고 탔다.

이는 2~4위안(300~700원)으로 도시를 횡단하는 놀라운 교통수단이었는데, 우리 한국 서울로 치면 음…, 지하철 1호선 정도 느낌이랄까? 아니다. 이와는 또 다르니까…, 지상열차라고 부르자. 아무튼 나는 조금은 멀리 갔던 관계로 3위안을 내고 탔는데 대단히 편리했다. 지하로 내려갈 필요 없이 쉽게 탑승할 수 있으니 말이다. 지하철이 빨라도 아래로 내려가는 불편함 때문에 버스를 자주 타는 나에게는 더할 나위 없이 매력적이었다. 뭐, 도로를 차지해서 땅을 못 쓰게 한다는 것은 큰 단점이지만.

칭구이 안 경로석 팻말

이 지상열차는 공중과 지상을 종횡무진하며 우리를 목적지까지 바래다 주었는데, 여기서도 '경로석 팻말(사진의 빨간 글씨)'을 볼 수 있었다. 우리의 목적지는 동방의 할리우드라고 불린다는 창잉스지청(长影世纪城)이었는데, 표 값이 240위안(약 4만 원)이라 입구에서 사진 몇 장 찍

창잉스지청(长影世纪城)

고 발길을 돌렸다(조금 민망하다). 이곳은 영화 제작과 관광이 결합되어 만들어진 공원으로, 할리우드, 디즈니를 따라 만들어졌다고 한다. 물을 분사해서 만든 영화와 레이저 영화 등 볼거리가 많이 있다고 하는데, 역시 보고 올 걸 그랬나? 아쉬움과 함께 발걸음을 돌렸으나 칭구이를 타고 도시를 가로질러 보았으니 나름 만족스러웠다.

찡위에탄(淨月潭)

두 번째로 향한 곳은 찡위에탄(淨月潭)이라는 자연삼림 명소인데 호수공원이라고 이해할 수 있겠다. 버스가 워낙 오질 않아 추위 속에 버스를 기다리다 결국 택시를 탔다(10위안).

호수공원으로 들어오는 길에 큰 개를 데리고 다니는 중국인들을 볼 수 있었다. 뭐, 이 종은 한국에서도 보기 흔해진 종인 것 같긴 한데, 여기서 상기시킬 겸 다시 이야기하자면, 중국인들은 독특한 개들을 많이 키우는 것 같다. 큰 개 or 다리 짧은 개 or 특수한 종 … .

아름다운 찡위에탄의 호수

위에서 내려다본 찡위에탄 모습

결론적으로 이곳에 와서 크게 만족했다. 큰 기대를 하지 않고 왔던 곳인데, 만족도는 중국 명산인 황산(黃山) 저리 가라(?) 할 정도였다. 상당히 넓고 댐과 어우러진 풍경이 대단한 장관이었다. 특히 위에 올라가면 내려다볼 수 있는 전망대가 있는데 경치가 아주 대단하다. 물론 올라가는 길이 쉽진 않았다. 마침 전망대는 엘레베이터가 고장 나 있기까지 했다.

호수공원을 다 둘러보고 난 뒤 칭구이를 타고 다시 숙소 부근으로 돌아와 저녁을 먹었다. 식기들은 비닐봉지로 포장되어 있었는데, 이걸 쓰는 데 1위안을 받았다. 중국 음식점에는 이런 곳이 종종 있었는데, 식기 쓰는 데 왜 돈을 내야 하느냐고? 나도 모르겠다. '항상 팁(Tip)을 10%가량 쳐줘야 하는 나라도 있는데 뭘.'

우리가 주문한 오늘의 요리는 쨩구토우(醬骨头), 번역하면 '간장 뼈다귀 고기' 정도가 되겠다. 맛은 간장소스를 해서 짭짜름하고, 이름 그대로 뼈다귀에 살이 붙어 있는 형식이다(중국 음식 이름은 보통 상당히 디테일(detail)한 정보를 포함하고 있음). 손으로 잡고 먹어야 하니까 식당에서 비닐 장갑과 심지어 빨대도 준다. 맛은 한국인 입맛에 상당히 적절한, 뭔가 익숙한 맛이다. 앗, 가격은 얼마였더라? 한 30위안 했을 것 같은데⋯. 아무튼 오늘은 이만!

쟝구토우(酱骨头), 간장 뼈다귀 고기

비닐 장갑과 빨대를 이용해 먹었다

위만황궁

길림성 장춘
✈ 물이 흐르고 배가 떠다니는 상가

다시 아침이 밝았다. 오늘 밤에는 연길(조선족 자치주)로 향할 계획이니까 그전까지 더 파이팅 넘치게 돌아다녀야 한다. 금강산도 식후경! 먼저 밥부터 먹었다.

화성빠(花生霸), 맛있는 땅콩우유

즈란훠투이차오판(孜然火腿炒饭)

식당에 들어서자 사람이 가득한데, 우리는 먼저 '화성빠'(花生霸)'라는 1위안(175원)짜리 땅콩우유(땅콩 향이 가득하다. 정드는 맛과 향기다)를 한 잔 마시고, 주식으로는 '즈란훠투이차오판(孜然火腿炒饭)'을 골랐다. 어제도 말했지만 중국 음식은 이름 자체에 상당히 디테일한 정보들이 많이 들어가는 편인데, 여기서 '즈란(孜然)'은 자주 나오는 이름인 관계로 조금 설명하고자 한다.

갈색 씨앗 즈란, 고소한 맛을 낸다

이 볶음밥 밥알 사이사이를 보면 연한 갈색 씨앗이 보이는데, 이게 즈란이라는 것이다. 이 녀석은 되게 특이한 향과 고소한 맛을 낸다. 뒤에 붙어 있는 훠투이(火腿)는 소시지, 차오판(炒饭)은 볶음밥을 의미한다.

밥을 먹고 나와서 버스를 탔는데, 손잡이에 아침에 먹은 화성빠(땅콩

우유) 광고가 붙어 있었다. 그 뒤에는
경로 사상을 키우기 위한 선전 그림
이 보였는데, 이 역시도 인상 깊었다.
버스에서 내려 고구마를 하나 사서
먹고 있는데(약 1,000원), 웬 할아버
지 한 분이 오셔서 반만 달라고 하기

노오란 고구마, 정말 맛있다

에 드렸다. 참고로 중국에서 먹는 고구마는 노오란 것이, 절대 실망하
지 않는다. 정말 너무너무 맛있다.


주변에 있는 공원을 들렀는데 정말 잘 만들어져 있다. 동상의 남자는
상당히 대담한 포즈를 취하고 있었고,

공원 한 편에 있는 대담한 자세의 동상

공원에서 태극권을 수련하시는 할아
버지도 인상 깊었다. 내가 찍고 있는
걸 본 뒤부터 카메라를 많이 의식하

주변의 한 공원, 연이 보인다

버스 안에서 찍은 중국의 느낌

시는 것 같았는데…, 죄송합니다.
여기저기를 방황하며 도시를 둘러
보았는데, 버스 안에서 찍은 한 장
의 사진이 마음에 들었다. 잘 찍힌
사진은 아니지만 정말 중국의 느낌
을 잘 보여줄 수 있을 것 같다. 높

이 솟은 빌딩과 자전거와 자동차, 뿌연 하늘과 분주함.

다음으로 향한 곳은 '위만황궁'인데, 사실 굳이 방문하지 않아도 무방
한 곳이었을 것 같다. 다만 역사 명소니까 간략히 알아보고 가자. 이곳
은 청나라 마지막 황제 푸이(溥仪)가 청조 몰락 이후 살던 황궁으로,
일본인이 만주 일대를 점령하기 위해 세운 만주국의 황궁이다. 따라서

중국인들은 이것이 사실 만주국의 황궁
이 아니라는 의미로 '거짓 위'자를 붙여
위(僞)만황궁이라고 부르고 있는데, 현

위만황궁

대형 마트에 웬 배가 다니는지?

재 이곳은 일본 침략의 역사를 기억하는 하나의 박물관으로 자리 잡고 있다.

이곳 표 값은 무려 80위안(14,000원), 다행히 예전(기한은 지났으나) 교환 학생 시절에 쓰던 학생증을 가져가서 학생 할인을 받아 30위안에 들어갔다. 일단 위만황궁 자체는 되게 좁고 볼품없는 것이, 이곳에 대한 큰 기대는 하지 않는 것이 좋을 것이다. 국가에서 이곳을 높게 평가하는 것은 역사적 가치이지 웅장함이나 화려함이 아닌 듯하다. 아무튼 80위안 내고 들어왔으면 땅 치고 후회했을 것 같네.

위만황궁 이곳 저곳을 돌아다니디가 나와서 인근 대형 마트 같은 곳에 들어갔다. 정말 특이하게도 이곳이 무슨 놀이공원도 아닌데 물이 흐르고 배로 이동할 수 있게 만들어져 있었다. 중국인들의 열린 마인드(?)와 다양성을 잘 보여주고 있다. 생각이 참 자유로운 만큼 투박하게 보일 때도 많지만, 한 방 터지면 대박이 날 수도 있다고 나는 생각한다.

그리고 중국에서 처음으로 영화를 보기로 했다. 저번에 100위안(17,500원)이 넘는 표 값을 보고 경악했던 적이 있었는데, 여기서는 40위안이면 표를 구할 수 있었다. 가격표에는 80위안이라고 적혀 있었지만 실제로는 반값에 팔고 있어 질렸다. 보기로 결정한 영화는 '타이탄'(3D)! 이때쯤 한국에서도 꽤 잘나갔던 영화로 기억하는데, 영화를 보는 사람이 워낙 적어서 상영시간 20분 전인데도 자리가 아주 넉넉하다. 팝콘이나 음료수도 한국 극장과 거의 유사한 모양새로 팔고 있었는데, 가격은 거의 한국에서 소비할 때와 큰 차이가 없어 매력을 못 느꼈다.

아무튼 이 날 나는 태어나서 처음으로 3D 영화를 보았다. 지급받은 3D 안경과 함께 실감나는 효과를 보고 나서 지금까지 하는 3D+@ 영화의 팬으로 남아 있다(왕십리 4D 극장이 난 참 좋다). 참고로 해당 상영관 사람 수를 세어 봤는데, 큰 곳임에도 사람이 30명이 안 되었다.

영화를 보고 나서 피씨방에 가려 했는데 신분증이 없으면 안 된다고 해서 결국 못 들어갔다. 여기서 말하는 신분증이란 '중국인 신분증'으로서, 이런 경우 외국인은 피씨방 이용이 불가능하다. 이 신분증 이용 제도는 정보 통제의 한 모습으로서 사실 내국인 감시를 위한 정책이라고 볼 수 있다. 누가 어떤 컴퓨터를 이용해서 뭘 했는지 기록을 남기는 것이니까 말이다. 이 신분증 문제는 중국 여행을 하면서 계속 맞이하게 되는 큰 난관이었다. 나는 그날 있었던 자료들을 편집하여 블로그에 기록해야 하는데, 피씨방 이용 자체가 불가한 곳이 많았기 때문에 여간 힘들었던 게 아니라는!

지나가는 길에 본 까르푸

다양한 사람들

길을 걷다가 '먹는 게 우선(食为先)'
이라는 음식점이 보여 들어갔다. 여
기저기 하루 종일 싸돌아 다녀서 허
기가 많이 진 상태였다.

쉬에화(雪花) 맥주

우선 맥주부터 시켜 마셨다. 주문한
맥주는 쉬에화(설화)로, 우리에게 '칭따오'로 잘 알려진 맥주만큼이나 중
국에서 인기 있는 맥주다. 정확히는 칭따오 다음으로 잘나가는 맥주.
중국의 주요 맥주 브랜드는 다음 4가지를 꼽을 수 있다. 칭따오(青岛),
쉬에화(雪花), 엔징(燕京), 하얼빈(哈尔滨) 등.
이윽고 우리가 주문한 삼겹살+두부피와 양저우 볶음밥이 나왔다. 두

두부피

빠지아오(八角), 향과 매운 맛을 낸다

부피에 들어 있는 불가사리 같은 모양의 향신료는 절대 먹는 것이 아니다. '고추 같은 것으로 생각하고 가벼운 마음으로 물었다면 빛의 속도로 뱉게 될지니.' 이것은 향과 매운 맛을 내기 위한 녀석으로 이름은 빠지아오(八角)다. 한 번 깨물으면 장담하건대, 깜짝 놀랄 것이다. 맥주와 적당히 기름기 있는 음식들이 대단히 잘 조화된 저녁 식사였다.

저녁 식사를 마치고 연길(延吉)로 향하는 기차를 탔다. 하루를 마치며 배운 점을 정리하자면, 음…, 일단 중국인들이 문신, 손톱분장, 이발에 관심이 많다는 것을 확 느낀 하루였는데, 길거리 곳곳에서 미용 관련업 점포들을 볼 수 있었다. 우리가 그러했듯이 경제 수준이 향상됨에 따라 미용에 대한 관심도 저절로 따라가고 있는 것이다. 중국 백화점 수준도 많이 올라왔음을 볼 수 있었고, 몰(mall) 안에 물이 흐르고 배가 떠다니는 특이한 발상 속에서 중국인들의 자유로운 생각을 읽을 수 있었던 것 등이다. 내일은 조선족 자치주 연길이다. 그럼 이만….

장춘역 대합실

기차 안에서 내다본 길림성 풍경

**길림성 연길**
✈ **연변대학과 조선족 교회**

밤늦게 기차를 타고 덜컹거림 속에서 잠이 들었다. 한참 자고 일어나니
연길에 거의 도착 한 듯싶은데, 가는 길이 죄다 논과 밭이다. 빠른 도시
화가 진행 중인 중국이지만, 역시 절반을 훌쩍 넘는 사람들이 농업 관

련 업종에 종사하는 나라임을 다시금 생각하게 되었다(기차를 탈 때마다 비슷한 생각을 하게 됨). 중국 농민들이 광활한 영토에서 쏟아내는 작물들이 우리를 먹여 살리고 있는지도 모른다.

그리고 드디어 연길역에 도착!

이곳 거의 대부분의 간판에는 중국어와 한국어가 동기 표기되어 있는데, 추측건대 법적으로 강제한 부분이 있는 듯하다. 굳이 그럴 필요가 없는데도 한국어가 병기되어 있고, 일반버스를 타도 중국어, 한국어를 각각 1회씩 방송해 준다.

도착하자마자 한 일은 다음 목적지이자 중국 요녕성(辽宁)의 중심 도시인 선양(沈阳, 심양)으로 가는 표를 사는 일이다. 이동 시간 절약 및 확실한 일정을 위해서는 표를 최대한 먼저 사야 하기 때문이다.

연길역 앞

역을 나가서 숙소를 잡는데 곳곳에 알 수 없는 한국어들이 많이 보인다. 아니…, '앞하 좀 '갈디려관' 등등 이런 건 조선어라고 불러야 마땅할 것 같은데? 이제 서로 많이 다른 길을 걸어왔기 때문에 언어 발전의 차이가 큰 것은 사실이나, 다행히도 일반적으로 언어 의사소통에는 큰 문제가 없는 경우가 많았다(물론 조선족분들 중에 한국어를 전혀 못 하는 분들도 계시긴 했지만).

시홍스찌단차오미엔
(西红柿鸡蛋炒面)

숙소를 기차역 근처에서 80위안에 잡고(컴퓨터, 화장실 딸림) 아침으로는 '시홍스찌단차오미엔(西红柿鸡蛋炒面)'을 먹었다. 이 요리는 토마토+계란+면의 충실한 공식을 지키고 있다. '토마토+계란' 시리즈는 중국에서 흔히 볼 수 있는데, 면에 볶아서도 먹고 볶음밥, 덮밥 등에도 들어간다. 그만큼 동북아 일대에서 광범위하게 소비되는 내표직인 가정음 식이라고 볼 수 있는데, 한국인 입맛에도 그만이다. 달고 짜고 그런 맛이다. 점심으로 먹은 것은 냉면이다. 연길에 왔으면 조선 냉면은 꼭 먹어 보고 가야 하지 않겠는가? '왜 계속 밥만 먹고 있냐고?'

'냉면부'라는 생소한 이름의 음식점          공급 과잉의 인력, 과잉 배치로 이어지다

'냉면부'라는 이름에 끌려 들어갔는데, 알바생들이 필요 이상으로 많다. 매번 중국 식당에 들어갈 때마다 느끼는 건데, 사람은 많은데 일자리가 없다 보니 한 달에 1,000위안(18만 원)만 받고라도 일하려는 사람들이 있고, 이런 식당처럼 필요 이상으로 사람이 고용되는 곳이 종종 있다(물론 정부 정책상으로 몇 명 이상 고용된 경우도 있을 것).

조선 냉면, 면발 질감이 참 독특하다

냉면 맛은 아주 독특했다. 일단 사과랑 당근, 게맛살에 오이, 배 등 온갖 재료가 듬뿍 들어간 초호화(?) 냉면이었는데, 들어간 게 많아서인지 국물 맛은 아주 좋다(인정!). 그런데 면발이 대단히 이질감 나는 느낌으로 뭔가 혀에 휘감기는 듯한 특이함이 있어 내 취향은 아니었으나, 종합 평가는 '꽤 괜찮음'이 되겠다. 가격은 13위안으로 2천 원 돈 수준이니 평타 이상 가는 것 같다.

버스를 타고 연변대학으로 가는데, 한 아주머니가 조선말로 시끄럽게 전화 중이셨다. 조선말은 아무래도 중국어(성조)를 할 줄 아는 조선족의 영향을 받아 시끄러움 가운데 꺾이는 맛이 있다. 우리보다는 북한 사람들 말에 가까운 것 같다.

버스 안에서

연변대학 부근에 도착하여 서점에 들렀다. 재미있는 것은 제목이 한국말로 되어 있을 뿐만 아니라 아예 내용도 한국말로 되어 있다는 점이다.

한국말로 적힌 책

연변대학으로 들어가면 수영장이 딸린 체육관과 아주 큰 축구장, 테니스장 그리고 여러 건물들이 펼쳐져 있는데, 그 규모가 대~단하다. 역시 땅덩이가 넓은 중국의 클래스는 한국과 다르다. 한국 여느 대학들도 그러하듯(공사판이 된 대

연변대학 건물

온통 공사 중인 연변대학

연변대학 입성

학터) 이곳도 온통 공사 중이었는데, 수년 뒤에는 어떻게 얼마나 바뀌게 될지 기대가 된다. 이곳에서도 설문조사를 진행하면서 조선족일 경우 조선족이라는 칸에 체크하도록 주문했다. 전체 30장 중에 1/4 정도만 조선족이라고 체크가 되었는데, 연길의 인구 비율이 조선족 60%, 한족 40%인 것을 생각해 보면 비율이 너무 낮다. 아무래도 민감하게 생각하고 체크하지 않은 분들도 있었을 것이다. 아무튼 이번 설문에서 알게 된 것은, 학교에서 한국어를 가르치고 있기 때문에 이곳을 다니는 한족들도 한국어를 많이 접하고 있다는 것이다. 내가 만난 조선족들은 대체로 우호적이거나 경계하는 극과 극의 모습이었다.

대학 주변의 한 공원에 들어가 솜사탕을 사먹으며 돌아다녔는데, 참 독특하다는 말밖에 안 나온다. 공원에 낙타는 물론 펀치머신(3회 1,000

공원에 웬 낙타?

공원에 웬 귀신의 집?

원), 귀신의 집 등 다양한 오락(?)시설이 구비되어 있고 연 날리는 사람들도 있다. 이곳은 다채로운 나라 중국이다.

한국 요리는 중국어로 어떻게 번역이 될까?

연길 시 도로 모습

지나가다가 한국 식품을 파는 슈퍼가 있어 들어가 보았는데, 한국 슈퍼마켓을 그대로 옮긴 느낌이었다. 배추김치 하며 내가 좋아하는 온갖 한국 라면에, '예감', '에이스', '고소미', '빅파이', '뽀또', '초코파이' 등이 다 있

한국 식품 롱마트

다. 다만 공산품 가격은 한국 가격+@로 조금 비싸고, 음식 가격은 조금씩 싼 느낌이다.

연길교회

지나가는 길에 '연길교회'를 찾았다. 중국은 한국과 달리 교회가 희귀한 만큼 들어가서 인증샷 좀 남기다가, 그곳 사정을 듣고 싶어 교회 안에서 '종교 서적'을 판매하시는 조선족분에게 목사님 좀 불러주실 수 있냐고 부탁했다. 그리고는 그곳 목사님, 전도사님을 만나 이야기를 들었다. 이런저런 이야기를 나누었는데, 그 중에 평소 내가 궁금해 했던, '중국 서점에는 왜 성경책이 없는가?' 하는 부분에 대해서는 정부 허가가 있는 일부 종교 서점에서만 성경책 판매가 가능하다는 결론을 얻었다. 이곳 연길의 기독교인 비율은 2~3% 정도라고 한다. 이 비율은 중국에서 상당히 높은 편이고, 일반적으로는 1% 정도이지 않을까 싶다(참고로 최근 성장세가 두드러진다). 또한 중국 교회는 3종류로 구분할 수 있는데, 이는 아래와 같다.

공개 교회 : 국가가 인정한 교회
지하 교회 : 국가가 인정하지 않은 교회, 집회가 비밀리에 이루어진다
가정 교회 : 가정 위주로 행해지는 교회

그렇기 때문에 밖에서 보이는 이곳 '연길교회' 같은 공개 교회만으로는 중국 교회를 전부 알 수 없고, 전체 신자를 파악할 수 없는 셈이다. 보통 전도는 아는 사람을 통하고 통하는 식으로 이루어진다고 한다. 길거리 공개 전도는 종교 강요로서 불가능하다. 그러나 우리가 생각하는 것처럼 종교인(특히 기독교)이 핍박받거나 죽음의 위기감을 고조시키는 포교 활동은 없는 듯했다.

흠…, 잠깐가진 상담시간 이었지만, 전도사님은 거듭 중국이 도깨비들 사는 곳이 아니라고 강조했다. '아니 내가 뭐라고 했나요? 전도사님!' 한국어를 아는 만큼 한국 매체도 많이 알고, 그만큼 많은 한국인들이 중국에 대한 나쁜 인식을 가지고 있음을 잘 아시는 것 같았다. 뭐, 이 부분은 양쪽 모두 잘못된 점이 있

겠지만, 제대로 알지 않고 욕하는 우리가 잘못하는 점이 더 큰 것 같다고 생각한다. 중국에서도 우리를 제대로 알지 않고 비방하는 점이 많으니까. 결국 똑같은 건데, 장기적인 관점에서 양국간 서로를 알아가고 지나치게 편향된 시선으로 왜곡해 비난하는 일이 없어져야 하겠다. 흠흠, 아무튼 그분이 추천해 준, 한국인이 일으켰다는 서시장을 향해 갔다.

현지 패스트푸드점 쿠쿠지(酷酷基), 카페 분위기다     햄버거에 저렇게 큰 고기가 들어간다

가다가 오랜만에 햄버거를 먹기 위해 현지 패스트푸드점인 쿠쿠지(酷酷基)에 들어왔다. 여기서 치킨버거(香辣鸡腿堡) 1+1 행사를 진행 중에 있었는데, 2천 원 조금 넘는 가격으로 2명이 햄버거를 맛있게 먹을 수 있었다. 햄버거의 고기 패티가 굉장히 컸고, 맛도 KFC나 맥도날드에 그리 떨어지지 않았다. 인테리어는 소파에 방석에…, 고급 카페 포지셔닝 느낌이랄까? 피씨방도 이런 느낌으로 많이 해놓는데, 한국에서 볼 수 없는 이질감이 있다.

한국 액세서리, 가방이 인기다     도적이 있습니다!

전도사님은 연길 서시장을 한국의 남대문에 비교했는데, 그 정도는 아니라고 해도 상당한 규모에 많은 물건들이 있었다. 특히 한국 물건들(오래 전에 썼을 법한)이 눈에 띄었고, 마지막으로 백화점임에도 '도적이 있습니다'라는 대단히 직설적이고 재미있는 문구가 한 켠에 쓰여 있어 흥미로웠다.

양꼬치 굽는 모습

충일이와 나는 저녁으로 양꼬치와 맥주 한 잔을 했는데, 한 꼬치당 1.2~2위안(200~350원)이었다. 한국에서는 흰 꼬치에 1,000원 이상 하므로 아주 값싸게 먹을 수 있는 기회였는데도, 당시 나는 비싸다고 생각했던 모양인지 어리석게도 몇 꼬치 먹지 않았다. '구두쇠 바보 같으니라고.'

오늘을 마무리하며 다시 짚어볼 만한 점은 '중국인들을 너무 무섭게 생각하지 말자, 그들은 도깨비가 아닌 우리와 같은 사람이다'와 '중국인들은 신이 아닌 신격화된 인간을 믿으며(관우, 모택동, 공자, 노자 등), 그것은 우리가 생각하는 종교의 개념이 아니다'라는 점, 그리고 기독교인 비율이 1%가 안 될 정도로 적다는 점 등이 있겠다.

오늘도 여기까지. 내일도 파이팅!

世界人民大

10일차 | 길림성

### 길림성 연길
## ✈ 사슴 성기를 절여 만든 술

오늘 일기는 거의 먹방이라고 볼 수 있겠다. 오후 일찍 연길을 떠나 요
녕성 심양(沈阳)으로 가는 날이기 때문에 특별한 일정 없이 음식에 집
중(?)했다(심양까지 침대칸 기차로 14시간이다).

가정집 같은 분위기의 식당          사슴 성기 절임 술

아침에 일어나 간단히 씻고 주변 조선족 식당을 찾았다. 가정집 같은 분위기가 나는 것이 역시 한족의 식당과는 분명히 다르다. 민족성의 차이일 것이다. 또 한편에는 특이한 모양의 정수기(?)가 있어서 이게 뭐냐고 묻자 사슴의 성기를 절여서 만든 술이라고 한다. 한 잔에 4위안(700원)이라고 하여 용기를 내서 사서 마셔 보았다. 60도짜리라 입에 조금만 넣어도 입안을 훅 하고 한 바퀴 도는 강한 맛이 있고 향도 진하다.

1 연변 순대(米腸)
2 감자전(土豆饼)
3 비빔냉면(拌冷面)

음식은 순대(米肠, 15위안), 감자전(土豆饼, 10위안), 비빔냉면(拌冷面, 10위안)을 시켰다. 순대는 쌀로 만든 것 같고 굉장히 고급스럽게 나왔다. 한국 길거리에서 먹는 것보다 확실히 더 맛있다고 할까? 감자전도 맛있었다. 여기서 먹은 냉면은 되게 짜고 매운 것이 한국에서 먹던 냉면 맛과 상당히 비슷했다. 면을 씹을 때 질감이 특이한 것 외에는 아주 맛있게 먹을 수 있었다(입에 딱 붙는 듯한 느낌). 아침 겸 점심 때는 비빔냉면을 먹고, 조금 이른 시간이었지만 저녁으로는 물냉면을 먹었는데, 다시 봐도 입맛이 다셔진다.

연길 기차역

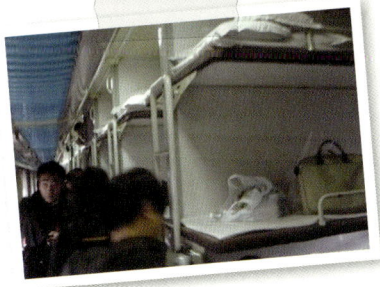

침대칸 기차는 상중하 세 칸으로 나뉜다

자, 밥을 먹고 다시 향한 연길 기차역. 바글거리는 인파 속에서 같이 줄 서고 기차에 탑승했다. 침대칸 기차는 보통 상중하 세 칸으로 이루어지는데, 아래 칸이 제일 좋은 자리다. 맨 위 칸은 조금 불편한데, 천장과의 거리가 너무 가깝기 때문이다. 나는 보안상(?)의 이슈가 가장 적은 자리라고 생각하여 맨 위층 자리를 제일 선호했었다. 참고로 기차는 그 자리 상의 이점에 따라 가격이 달라지는데, 순서는 다음과 같다.

1) 무좌석(站票)

2) 딱딱한 좌석(硬座)

3) 부드러운 좌석(软座)

4)) 딱딱한 침대(硬卧)

5) 부드러운 침대(软卧)

당연히 가격은 아래로 내려갈수록 높아지는데, 무좌석 표로 장거리 여행을 계획하고 있다면 반드시 취소하길 권유하고 싶다. 무좌석 표는 보통 명절 때처럼 사람들이 몰릴 때 많이 발행되는데, 무좌석 정도가 아니라 서 있을 공간이 없는 상황을 맞이하게 될 수 있기 때문이다(밤새고 가는 일정에서 무좌석 표로 갔다가 밤을 홀딱 서서 샌 기억이 있다). 참고로 지금 사진에서 보는 표는 '딱딱한 침대(硬卧)'이다. '누워서 갈 수 있다면야, 아무래도 편하다!'

이렇게 침대 칸에서 자고 가는 기차의 경우, 표 검사 하는 승무원이 탑승 후 곧 표를 카드로 바꿔 주는데, 내릴 때쯤에는 다시 종이 표를 돌려주고 카드를 받아간다. 약간 깨워 주는 그런 역할을 하는 것 같다. 밤이 되어 기차 불이 꺼지고 나는 동북 3성 최대 도시 심양에서의 하루를 기대하며 잠들었다.

# 중국 현대사 초간단 정리!

모택동과 홍위병

시면 쉬운데요, 게릴라 부대와 여러 혁명가들과 함께 중화민국(현 대만)의 국민당 정부를 타도하고 지금의 중국을 세웠습니다. 현대사는 모택동을 중심으로 이해하시면 되는데, 아래와 같이 정리합니다.

중국을 이해하기 위해서 가장 잘 알아야 할 역사 파트는 단연 현대사입니다. 보통 춘추전국 시대, 초한지, 삼국지에 대해서는 많이 알지만(재밌으니까), 현대사에 대해서는 사실 꽤나 학습할 기회도 적고 관심도 적은 편이지요. 아마 이건 한국사도 마찬가지일 것입니다. 그런 고로 이번 기회를 통해 반드시 기억할 수 있도록 아주 간단하게 현대사를 정리해 보았습니다.

현대 중국은 마오쩌둥(毛泽东, 모택동)과 덩샤오핑(邓小平, 등소평)이라는 두 영웅이 일구어 낸 국가인데요. 모택동은 군대를 통해 중화인민공화국을 세웠고, 등소평은 개방으로 경제를 발전시켰습니다. 모택동은 사실상 전쟁 영웅이라고 이해하

1. 1949년 모택동이 중화인민공화국(중국)을 건국

   1912년 중화민국 성립(청나라 멸망 후 중국 국민당이 세운 나라, 현재의 대만) 1949년 중화인민공화국 성립(모택동이 국민당을 몰아내고 세운 나라, 현재의 중국)

2. 1960년 반미, 반자본주의로 시작한 중국, 대약진 실패로 모택동 세력 약화

   1949~1952년 중국은 반자본주의, 반미 노선을 강화함(자본 몰수-국유화, 북한 지원). (참고로 6.25 전쟁은 1950년 6월 25일에 일어났다).
   1953~1957년 제1차 5개년 계획 등장(一五). 사회주의 공업화 목표.
   1958~1960년 대약진 기간(대약진=마오쩌둥의 전국적 대중 운동). 농공업 생산 신장을 도모했으나 재해와 소

련과의 불화로 좌절. 수많은 사람이 도리어 굶어 죽었기 때문에 모택동 잠시 실권.

3. 1966년 자본주의적 요소가 도입되어 경제가 살려는가 하다가 문화대혁명

1961~1965년 八字방침 下 경제회복 – 대약진 운동으로 국민 경제 간 부조화 심화. 조정, 공고, 충실, 제고 8글자를 표어로 경제 재건을 시도.

1966~1976년 문화대혁명(종합 경제 효율 하락, 저축률 상승). 우리가 잘 아는 문화대혁명은 모택동에 의해 주도되었으며, 사회주의 계급 투쟁을 강조하는 대중운동으로 반대파 숙청. 민생 경제를 회복하기 위해 자본주의 정책의 일부를 채용하면서 등소평과 유소기(刘少奇)가 새로운 권력의 실세로 떠오르자 모택동은 권력의 위기를 느끼고 자본주의 타도를 외침. 1976년 9월 9일 모택동 사망 후 문화대혁명은 급속히 종결됨.

4. 등소평이 시작한 중국 현대화 건설, 그리고 지금까지

1978년 등소평 체제, 중국 현대화 건설과 개혁 개방의 시작.

1993년 장쩌민(张泽民, 장택민) 체제 ~2002년, 한중 수교(1992. 08).

2003년 후진타오(胡锦涛, 호금도) 체제~2012년.

2013년 시진핑 체제~ (일반적으로 10년 집권)

이를 다시 더욱 간략하게 정리하면 아래와 같습니다.

1949년 모택동(마오쩌둥)이 중국 건국
1960년 대약진 실패와 모택동 세력 기반 약화
1966년 문화대혁명과 모택동의 재기
1976년 모택동 사망
1978년 등소평(덩샤오핑)의 개혁 개방 시작
장쩌민 – 후진타오 – 시진핑
(모택동이 중국 현대사의 핵심)

지금도 중국 수도 북경의 가장 상징이 되는 관광지인 고궁에 가면, 들어가는 입구인 천안문에서 크게 걸린 모택동의 사진을 볼 수 있습니다. 그만큼 힘이 있었고 지금까지 영향력이 있는 존재인 만큼, 모택동의 행적만 기억해도 중국 현대사를 누가 물었을 때 자신감 있게 대답해 줄 수 있지 않을까요?

천안문에 걸린 모택동 초상화

# 요녕성(辽宁) 심양(沈阳), 대련(大连)

인구 4,383만 명(2011)
지역총생산 24,801억 위안(2012)
면적 14.8만 제곱 킬로미터(남한 면적의 약 1.5배)

〈통계 출처: 『Baidu 백과사전』〉

셴양 시 도심을 걷다

## 역사 문화

요녕성은 고구려, 선비, 발해, 거란, 여진, 몽골 등 다양한 민족과 세력의 지배를 거친 곳이다. 중국 한족의 영향권에 들어간 것은 명대 이후부터이며, 만주족은 이곳에서 청나라를 세우기도 했다. 다양한 역사적 배경 속에 현재 44개 민족이 함께 살고 있는데 한족이 가장 많고, 그 외 주요 민족으로는 만주족, 몽골족, 회족, 조선족이 있다.

요녕성 심양
세계에서 가장 못 생긴 방원빌딩(方圓大厦)

기차를 타고 길림성 연길(延吉)을 떠나 요녕성 심양(沈阳)으로 간 지도
약 10시간 이상 지난 것 같은데, 아직도 도착하려면 한참을 더 기차 안
에 있어야 한다. 목이 말라서 콜라 한 병을 샀는데, 기차 안이라서 가

격이 2배다. 보통 2.5~3위안(400~500원) 받던 것을 5위안(1,000원)이나 받았다. 기차를 타기 전에 물, 음료수를 꼭 사와야겠다는 생각을 했다. 심양역 부근 동쪽 기차역에서 잠시 정차했는데, 시간이 흐르고 흘러 무려 한 시간이 지났다. 도대체 언제 출발할 생각인지 알 수 없는데, 방송으로 '언제 출발할지 모르겠다'라는 공식 입장(?)을 밝혀 여기서 내릴 수밖에 없었다. 조금 일찍 알려줬다면 버스라도 타고 가지 않았겠는가. 내리자마자 바로 대련으로 가는 표를 사려고 줄을 섰는데, 이곳은 임시 역이라서 그런지 관리자 수가 적어 새치기하는 사람이 많았다. '역시 자기 밥그릇 자기가 챙겨야지 신경 안 쓸 수가 없구나.' 큰 기차역은 그래도 공안이 많아서 나은데, 아무튼 생각과 의식이(?) 자유로운 나라이다 보니 무분별한 사람이 더 많은 것 같다. 서로 편하게 편하게 하다 보니까 그런 것 아닐까 싶은데, 장단점이 모두 있는 듯하다. 장점이라면 중국에서 살아 본 사람이라면 느끼는 특유의 자유감!

심양 동쪽 역(沈阳东站)

표를 사고 나오는데 임시역 앞이라 그런지 숙소도 별로 없고 한적해 보였다. 나와서 바로 점심을 먹었는데, 중국에 와서 처음으로 물고기가 들어간 식사를 했다.

사람이 모이는 기차역 앞치고는 너무 황량하다

식당에서는 '자빤위(杂拌鱼)'와 '즈란(孜然)'이 들어간 볶음밥을 시켰다. 자빤위는 물고기 범벅 정도라고나 할까? 물고기를 짭짜름한 양념 국물에 흐물흐물하게 삶아서 나오는 건데, 향채랑 같이 먹을 때 향과 맛이 아주 괜찮다. 나는 물고기류를 안 좋아하는데 이건 맛있게 먹을 수 있었다(18위안). '즈란'의 경우 앞에서도 이야기했지만, 전형적인 중국 향을 내주는 참깨같이 생긴 놈 정도 된다. 작지만 독특한 향을 내어 중국 음식에 많이 들어가니 알아 두면 좋다.

이렇게 아침을 먹고 나와 버스를 타고 도시의 중심으로 가려는데, 자전거 도로와 자전거를 타고 출근(?)하는 사람들이 눈에 띈다. 심양 역시 대단히 계획적으로 설계된 도시라서 거의 대부분의 도로에 자전거 도로가 마련되어 있고 활발히 이용된다.

자빤위(杂拌鱼), 물고기 범벅

즈란 볶음밥

일반 도로의 상당 부분을 할애한 자전거 도로

심양에 도착해서 아침을 먹은 지 얼마 지나지 않았는데 다시 햄버거를

거주 지역은 동, 서문 형식으로 입구가 많고 비 거주자의 출입이 제한된다

중국 토종 패스트푸드점 화라이스(华莱士)

먹으러 들어온 것은 햄버거 3개에 12위안(2,000원)이라는 놀라운 프로모션이 진행 중이었기 때문이다. '아, 나는 프로모션이 참 좋다.' 참고로 이곳의 이름은 '화라이스(华莱士)'로 중국에서 잘나가는 토종 패스트푸드점 중 하나다. 중국 12개 이상의 성에서 현재 영업 중이다. 물론 그 인지도나 평판은 KFC, 맥도날드 등에 비할 수 없겠지만, 깨끗하고 맛도 거의 비슷하면서 가격은 싼 점을 생각하면 개

인적으로 정말 갈 만한 곳이다. 뭐, 굳이 햄버거가 먹어야만 하는 음식은 아니지만!

심양에서 맞이한 첫 번째 문제는 숙소 구하기였다. 너무 당연한 거지만 숙소는 여행자가 많이 다닐 만한 곳에 몰려 있는데, 그쪽을 가야 가격이 저렴하다. 다만 우리는 임시역에서 내린 뒤 방황 중이었고, 싼 곳은 찾았으나 컴퓨터가 있는 방을 구하지 못했다. 컴퓨터가 있어야 했던 이유는 그날 기록을 실시간으로 블로그 등을 통해 기록해야 했기 때문이다. 생각하면 정말 눈물 나는 인고의 세월이라고나 할까? 피씨방을 가면 되긴 하는데, 동북아 쪽에서는 중국인 신분증이 없으면 이용 금지인 경우가 많아서(외국인에게 중국인 신분증이 있을 수가 없지 않은가) 서로 일 복잡하게 만들지 않고 숙소에서 하려던 거였다.

고생 끝에 숙소를 잡고 짐을 내려놓은 뒤 다시 바깥 탐색(?)을 재개했다. 도시 중심을 걷는데 굉장히 독특하게 생긴 건물을 볼 수 있었다.

션양 시 도심을 걷다

팡위안따샤(方圓大厦), 옛 동전 모양을 하고 있다

저 둥그렇게 생긴 건물의 이름은 '팡위안따샤(方圓大厦, 방원빌딩)'. '대단히 독특하게 생겼구나!'(이 건물은 타이베이의 101층 초고층 건물을 건축한 리쭈웬에 의해 중국의 옛 동전 모양으로 건축되어, 입주한 사람들의 사업 대박을 기원하고 있는 모습이다. 그러나 2012년 CNN에서 선정한 세계 10대 최악의 건축물에 선정된 바 있다. 2010년 여행할 때 보고 '역시 중국인들은 참 대단한 사람들이구나.'라고 생각했었는데, 한국에서 우연히 읽은 기사 '세계 10대 최악의 건물'에서 다시 보게 되고 실소를 금치 못했다.) 그래도 외형을 볼 때, 이 정도 스케일과 과감한 시도가 있다는 것은 참 대단한 일이 아닌가!

부근에 또 상당히 묘한 형상의 건물이 있는데, 이곳 법원 건물이다.

선양 시 법원 건물

한국에서 이렇게 과감한 건물을 내가 본 적이 있었던가? 아마도 이곳 심양 정부 관리들 중에 모험심이 투철한 사람들이 많았었나 보다. 개인적으로 나는 이런 모험적 시도에는 항상 찬사와 응원의 박수를 보내고 싶다. 다만 우리가 흔히 하드웨어의 중국이라고 부르는 것처럼, 외형은 정말 끔찍하게 화려한 건물도 보통 안으로 들어가면 화려한 바깥과 달리 대단히 평범하고 투박한 경우가 많은 것 같다. 어쩌면 이도 중국인들의 체면을 중시하는 문화에서 비롯된 건축 습성은 아닐지 생각해 본다.

다음으로는 인근 심양고궁을 방문했다(입장료 50위안). 이곳 심양고궁은 청나라가 중원을 지배하기 전에 황궁으로 썼던 곳으로, 그 규모가 북경 자금성의 1/12 수준에 불과하다고 한다. 만주족의 자유로움이 엿보인다고 하는데, 사진 몇 장 붙인다.

심양고궁 입구

인근 번화가 쭝지에(中街)의 모습

심양고궁

이 날은 마지막으로 심양 시의 명문대인 뚱베이(东北, 동북) 대학을 방문했다. 항상 느끼는 거지만 학교 내부 공원 조성이 정말 대단하다. 한국에서는 흔히 경희대의 자연과 어우러진 친환경 캠퍼스를 부러워하는데, 이곳 중국 대학에서는 일반적인 모습일 뿐이다(물론 경희대 캠퍼스는 이들과는 또 다른 매력이 있다).

1 뚱베이 대학 운동장
2 뚱베이 대학 건물. 크기가 어마어마하다

설문조사를 하는데 동북 지역이라 그런지 조선족도 많고 강한 한류의 영향을 느낄 수 있었다. 설문조사란에 연락처를 남길 수 있는 곳이 있는데, 한 중국인은 꼭 연락해 달라고 말하기도 했고 대체적으로 우호적인 분위기였다. 한 중국 청년은 굳이 천안함 이야기(당시 꽤나 화두였던)를 꺼내더니 "한국이 북한을 무서워하는 것이 바보 같다."고 무시하는 투의 말씀을 하셨다. 사실 이런 류의 편견은 중국에 꽤나 광범위하게 퍼져 있는데, 그러니까 '북한이 무서워서 미군을 한국에 주둔시키고 있는 것이 아니냐?' 하는 중국인들의 생각은 꽤 강한 편인 듯하다. 한편으로는 많은 중국인들이 눈엣가시처럼 생각하는 미국에 의존하고, 그 미군을 자기 코앞까지 전진시켜 놓은 한국을 못마땅하게 생각하기 때문에 이런 이야기를 할지도 모르겠다.

아무튼 여기서는 심호흡을 하고, 눈앞의 중국 년에게 우리나라와 북한의 GDP 차이와 국방비 차이(100배)에 대해서 설명해 주는 것으로 마무리했다. 100배의 군비를 투입하는 나라가 어찌 질 수 있겠느냐고.

1 맵지만 중독성 있는 마라탕(麻辣烫)
2 화성빠(땅콩우유)

오늘 저녁은 '마라탕(麻辣烫)'과 '화성빠'다. 화성빠는 동북아 지역에 있을 때 항상 마시던 땅콩우유로 가격도 저렴(한국 돈 200원)하고 향이 좋으면서 고소한 것이 먹으면 즐거웠다. (당연히 마셔 줘야 하는) 마라탕은 자기가 안에 어떤 재료를 넣어 먹을 것인지 골라먹을 수 있는 음식으로, 얼마큼 무엇을 고르느냐에 따라 가격이 달라진다. 일반적으로 (당연하게도) 소시지나 고기류를 넣으면 가격이 비싸지고, 야채류만 넣으면 싸다고 볼 수 있다. 여기는 재료별 가격 추가가 아니라 무게를 재어 가격을 책정했는데, 내 것은 8위안(1,300원)이었다. 이 마라탕을 풀어서 부르자면 '고추양념 국물탕' 정도가 될 것 같은데, 혀를 마비시키는 강한 고추양념 국물이 대단한 매력이 있어 많은 중국인과 한국인들의 사랑을 받고 있다. '하지만 매운 요리는 설사를 유발시킬 수 있으니 자제해서 먹도록 하자.' 이 날 밤에도 나는 맛 있는 토란(타로) 맛 진주 밀크티를 먹으며 하루를 마감했다.

짜오링 궁전 모습

✈ **요녕성 심양**
**중국식 패스트푸드점 리씨엔셩(李先生)**

오늘 밤에는 대련으로 갈 예정이어서 아침 일찍 숙소를 나왔다. 이 숙
소는 하루 80위안(컴퓨터, 화장실, 샤워 가능), 20위안이 보증금이었는
다. 보증금(押金)은 방을 나올 때 돌려받는 돈이다. '단 당신이 깨끗하

고 문제없이 방을 사용했을 경우에만' 돌려준다. 그런데 나는 이 날 숙소 열쇠를 분실하여 방 주인으로부터 열쇠 없이는 방을 뺄 수 없다는 놀라운(?) 통보를 듣게 되었다. 여행 중 짐을 잃어버리지 않기 위해 1, 2, 3 숫자를 매겨 가며 체크하는 공식을 만들었는데, 내 몸 물건만 챙기다 보니 열쇠는 완전히 내 머리 속을 떠나 있었던 것 같다. 그래서 "어떻게 하면 될까?"라는 물음에 주인은 보증금만 주면 된다고 해서 바로 그렇게 하자고 했더니 내 대답이 너무 빨랐기 때문일까, 그쪽도 조금 당황한 표정이었다. 아무튼 주인이 기회다 싶어 바가지 씌울까 걱정했는데, 3,500원 정도 돈으로 해결해서 정말 다행이었다.

숙소를 나와서 바로 아침밥을 먹으러 나가는데 웬 아주머니가 요상한 머리를 한 자기 아이를 옆차기로 차는 것이다. 이 아이가 뭔가 잘못을 한 것 같은데 아주머니의 대응도 참 독특했다. 아이도 옆차기를 맞은 뒤 얌전

옆차기하는 아줌마와 아이의
재미있는 헤어스타일

해지는 것으로 보아 두 분 모자 간의 의사소통의 한 방법인 듯하다.

아침을 먹기 위해 찾은 곳은 리씨엔셩(이 선생님)이런 중국식 패스트푸드점으로, 중국 전 지역에 광범위한 체인점을 가지고 있는 대륙의 브랜드다. 리씨엔셩(李先生)의 예전 이름은 미국 캘리포니아 소고기면 대왕(美国加州牛肉面大王)인데, 메뉴판을 보면 원래 면 집이었던 만큼 면식이 많고 덮밥류가 일부 추가되어 있다. 가격은 10~20위안

중국식 패스트푸드점 리씨엔셩(李先生)　　　　리씨엔셩 음식점 내부 모습

(1,700~3,500원) 수준으로 KFC나 맥도날드 정도이고 내부 인테리어도 거의 흡사했다.

이 중국판 KFC 같은 곳에서 음식을 시켰는데(각각 红烧牛肉饭〔20위 안〕, 香菇鸡块饭〔18위안〕), 음식도 KFC처럼 국과 밑반찬이 딸린 세트 식으로 나왔다. 솔직히 깨끗하고 맛있게 먹을 수 있는 중국 음식점인 것은 분명한데, 가격이 일반 음식점의 1.5배 정도 수준이라는 점은 알 아 둘 필요가 있겠다.

홍샤오니우로우판(红烧牛肉饭), 소고기 덮밥

심양 시는 동북3성 중에서 가장 발전한 요녕성의 중심 도시인 만큼, 우리가 생각하는 것 이상의 소비력과 생동감이 있었다. 중국 여느 주요 도시와 마찬가지로 까르푸(家乐福)와 테스코(乐购)가 모두 들어와 있다. 안으로 들어가면 역시 글로벌 체인점인 만큼 한국의 대형 마트와 마찬가지로 대단히 잘 꾸며져 있고, 특히 짐 운반이 가능한 에스컬레이터, 벨트 등이 잘 갖추어져 있다. 여행하면서

까르푸

테스코

걷는 일이 주업(?)이었던 만큼 신발 코너를 조금 둘러봤는데, 컨버스화 한 켤레 가격이 무려 200위안(35,000원)이 넘는다. 보통 중국 하면 싸다는 이미지가 강하지만, 그건 어디까지나 중국 상품에 한정되는 이야기이고, 외제를 쓰려면 오히려 더 비싼 돈을 주고 사야 하는 것 같다.

또 거리에서 한류의 현장을 볼 수 있었는데, 간판에 '이훈 헤어갈라 미용실'이라는 문구가 중국어와 함께 나란히 쓰여 있었다. 중국에선 한국인 패션, 머리가 아주 먹어 주는

이훈 헤어칼라

데, 사실상 거의 최고로 쳐주고 있다고 볼 수 있을 듯하다. 적어도 동

북 지역에서는 말이다. 한국 패션(기타 외식업) 업체 이랜드가 중국에서 크게 성공할 수 있었던 이유는 아무래도 국가 브랜드적 성공이 뒷받침되었기 때문이 아닐까?

분리 수거통

**중국은 분리 수거를 한다? O or X?**
정답은 '한다'인데, 이렇게 쓰레기를 나눠 담는 쓰레기통이 있어도 보통 대충 버려지는 것이 현실이다. 그러나 재생 가능한 쓰레기들은 전문적으로 가져가시는 분들이 있어 걱정할 필요가 없다. 이분들을 통해 2차 분리 수거가 되는데, 뭔가 약간 슬픈 이야기 같네, '맥주병 하나에 80원'.

짜오링(昭陵) 입구

짜오링 내부　짜오링 내부 호수

짜오링 궁전 모습　짜오링 궁전 모습 2

이 날은 베이링(北陵)이라고도 불리는 짜오링(昭陵)을 방문했다. 이곳
은 옛 청나라 황제의 무덤이 있는 궁전 정도로 볼 수 있는데, 보전이 대
단히 잘되어 있다고 한다. 표 값은 36위안으로 저렴한 편이었다.

중국인들은 다채롭고 다양한 오락시설을 즐기는데, 호수가 있는 곳에
는 반드시 뭐가 있다? 배가 있고 보통 1명 당 30~50위안(5천~1만 원)
정도를 내면 한 시간 동안 이용할 수 있다. 이 밖에 범퍼카도 있었는데,
20위안이었다.

이곳은 황제의 무덤이라고 알고 들어
왔는데, 둘러보니 공원이나 옛 궁터
에 가까운 곳이었다. 지나가다 벽에
장식된 용의 발톱에 주목했다. 발톱

벽 장식. 용의 발톱 5개는 황제를 상징한다

이 5개인데, 이는 황제를 상징하는 진짜 용을 의미한다고 한다. 권세 있는 신하들은 발톱 3개짜리 용포 등을 입기도 했다는데, 발톱 3개짜리는 용이 아니라 이무기 혹은 규룡, 뿔 없는 용, 기 등으로 불린다. 누가 5개 발톱의 용포를 입거나 자기 성, 집에 조각을 하면 반역죄에 해당했다고 한다. 꽤 멋있는 궁전이었지만, 개인적으로 강력 추천할 만한 관광지는 아니었다.

콩을 갈아 만든 음료인 또우지앙(豆浆)

오후 기차를 타고 따렌(大连, 대련)으로 갈 예정인 만큼 간단히 요기를 해야 할 것 같다. 대략 점심 때 방문했던 리씨엔셩(이 선생)과 비슷한 분위기의 중국식 패스트푸드점을 찾았는데(이곳의 이름은 짜스러 家食乐,) 콩을 갈아 만든 음료인 또우지앙(豆浆)으로 유명한 곳인 듯하다. 이 또우장(豆浆)은 콩으로 만든 음료로 두유 정도에 해당하는데, 다른 점은 콩 함유도가 훨씬 높다는 것인 것 같다. 맛이 달지 않아 설탕을 넣어 먹는 것도 좋고 차갑게도 먹고 뜨겁게도 먹는다. 중국인들이 아침

선양 도시 모습

도착한 기차역

에 요우티아오라는 기름진 빵과 함께 먹는 음료로 잘 알려져 있다.

밥을 먹고 나와서 늘 그러듯 걷고 또 걷고 걸어서 기차역에 도착했다. 중국의 기차역은 늘 붐비는데, 이는 중국이 왜 기차 강국일 수밖에 없는지 잘 설명해 주는 듯하다. 물론 워낙 수송 물량이 많고 사람이 많다 보니 사선 사고도 많다. 기차 출발 시간은 약 10분 정도 연기되었는데 별 문제 없었다. 대련에 도착한 것은 그로부터 약 4시간 정도 뒤다. 좁고 딱딱한 의자(硬座)에 앉아 꼼짝 못 하고 가면서 상당한 스트레스를 받았다(장거리 여행을 하려면 마음을 놓아 버려 스트레스를 받지 않는 기술을 연마해야 한다). 아무튼 늦은 시간 역에 도착해서 숙소를

대련역 부근

찾기 위한 대작전이 시작되었다. 컴퓨터가 있고, 샤워 가능하며, 값싼 숙소를 찾기가 여간 어렵지 않았다.

이 날 밤 좋은 숙소를 찾기 위해 엄청난 발품을 팔았지만 글쎄, 마음에 쏙 드는 데는 찾지 못했다. 이미 너무 늦어서 결국 100위안(17,000원)에 샤워 시설이 딸린 방을 잡았는데, 컴퓨터도 있었으나 성능이 별로 좋지 않아 거의 안 쓰고 그냥 잤다. 오늘 느낀 점은 다음과 같았다. 중국식 패스트푸드점은 깨끗하고 맛있지만 양을 적게 주고 가격이 일반 음식점보다 다소 높다. 그리고 숙소에서 문제가 생겨도 보통 보증금 떼이는 정도이니 너무 걱정하지 말자.

대련의 붐비는 모습

요녕성 대련
✈ 돌풍 부는 도시 대련

대련에 배정된 일정은 오늘 하루와 내일 오전 정도다. 도시를 살펴보기
위해 아침 일찍 나와 요기부터 했다. 근처 식당에 한국 음식을 파는 곳
이 있어 들어왔는데, 계속 먹고 싶었던 떡볶이를 오랜만에 먹을 수 있

었다. 한국에서 먹던 그 맛 그대로…. 이 일대에서는 쉽게 한류의 영향들을 느낄 수 있었는데, 밖에 나가니 '한류일족'이라고 한글로 쓰여 있는 미용실 간판이 보이기도 했다.

이제 기차역으로 돌아가(어제 허둥대느라 표 사는 것을 깜빡) 다음 목적지로 가는 표를 사려고 버스를 탔다. 버스 승하차 시 배운 점을 조금 공유하면, 우선 대부분의 버스들이 잔돈을 거슬러 주지 않았다. 그래서 큰돈을 깨서 잔돈을 만들어 가지고 다녀야 대중교통 이용이 편리하다는 점이다. 그 밖에 이곳 대련 버스에는 다음 정거장에서 내리고 싶을 때 누를 수 있는 빨간 단추가 있어 편리하게 사용할 수 있다. 당연한 있어야 할 단추이지만, 지금까지 앞서 머물렀던 도시에서는 버스 기사 혹은 보조하는 사람이 큰소리로 내릴 사람 있냐고 묻고, 내리는 사람이 있으면 정거장에서 멈추는 그런 시스템이 많았었다(중국 대중교통 이야기는 앞으로도 할 기회가 많을 듯하다).

궤도차

"아울렛 한국 상가'라고 쓰여 있어 인증샷이다.

우리는 기차역 부근에서 내렸다. 길을 찾기 위해 주위를 둘러보는데, 저기 한 쪽에 아주 옛날에나 사용했을 법한 궤도차가 보였다. 버스에 가까운 개념으로 운행되고 있었으나, 위에 전선이 연결되어 있어서 그걸 따라 움직이고 있었다(신호에 따라 멈추고 가는 것은 버스와 대동소이하다).

또 앞으로 가니 한류가 눈앞에 펼쳐진다. 아무래도 중국과 한국 양국 간의 교류가 활발한 지역인 만큼 도시 분위기에서 그게 크게 드러나고 있었다는(대련에 투사한 한국 기업이 2,000개가 넘는다)! '아울렛 한국 상가', '한국 복장시장' 등 문구가 눈에 띈다. 그런데 왠지 들어가서 옷을 보면 그다지 한국 물건처럼 보이지 않는다는 것이 내가 중국에서 느끼는 또 하나의 특징이다. '그들은 정말 한국 물건을 팔면서 한국 상가라는 이름은 쓰는 것인가?'

기차역 표 구매 창구

원래 다음 목표지인 텐진(天津, 중국 4개 직할시 중 하나)까지 배를 타고 가려고 했는데, 6~7월이 되고 나서야 배를 탈 수 있다고 하여 포기했다(웨이하이(威海), 엔타이(烟台) 등 산둥성으로 가는 배는 매일 있었다). 텐진(천진)은 좀 멀어서인가? 아무튼 없다기에 기차역에서 표를 샀는데…, 맙소사! 대련까지 4시간 동안 딱딱한 의자 표로 오면서 앓는 소리를 했었는데…, 이건 21시간 동안 앉아서 가는 표였다. 물론 제일 중요한 것이 일정이다 보니 가는 과정의 문제는 생각하지 않고 120위안(약 2만 원)에 표를 지르고 나왔다.

1 지하상가(胜利购物长廊)
2 먹다 버린 땅콩 쉐이크

근처 지하상가로 내려가서 돌아보는데, 앞에 생과일을 직접 짜내어 쉐이크를 만들어 주는 집이 보이는 것이 아닌가? 과일 하면 중국이 죽여

버스 안에서 찍은 대련

주는데, 목도 마르고 하여 팥밀크 쉐이크, 땅콩 쉐이크를 각각 12위안, 15위안에 사서 먹었다. 가격은 아무래도 진짜 재료를 현장에서 갈아 만들어 주다 보니 다소 비싼 편이었다. 팥밀크는 맛있었으나, 땅콩 쉐이크는 너무나 땅콩 맛이 강한 나머지 도저히 다 먹을 수 있는 것이 못되었다. 안타깝게도 먹다가 버리고 말았다.

아기자기한 KFC 모습. 순간 포착

다시 버스를 타고 항구 쪽으로 가는데 아기자기하게 지어진 건물들이 눈에 띈다. 특히 KFC는 정말 특이한데? 달리는 버스에서 내리고 싶었으니 그냥 지나쳤다.

항구에 도착해서는 먼저 배 표부터 확인했다. 물론 아까 확인했던 것처럼 천진 시로 가는 배는 없겠지만, 대련에서 옌타이(연대)와 웨이하

도착한 대련 항

대련 항구의 모습

이(위해)로 가는 배가 각각 오후 9시, 10시 30분에 있고, 가격은 좌석에 따라 140에서 380위안(2만~7만 원, 특등석 제외) 정도인 것을 확인할 수 있었다. 항구의 분위기를 둘러

보다 우리는 다시 시내로 향했다.

아침에 숙소에서 아주 짐을 빼서 나온 관계로 배낭의 무게를 계속 버티고 있었는데, 짐을 최소한으로 추리고 다닌다 해도 들고 다니기가 여간 빡센 것이 아니다. 그래서 숙소를 다시 잡으려니 이게 또 쉬운 일이 아니었다. 괜찮은 지역을 찾아내야 하는데, 넓은 도시를 그렇게 쉽게 스캔할 수가 있겠는가?

숙소를 찾는 건지 도시를 뒤지는 건지 모르게 가고 있는데, 까르푸가 또 보인다. 이들에겐 중국이 전략 진출 국가라도 되는 모양이다. 또 한 곳에 눈에 띄는 대출 간판. 대출이 한국에서만 이슈인 것이 아니다.

대련의 거리를 방황하다 발견한 까르푸

중국 전역에 대출 광고가 밑도 끝도 없이 많이 노출되어 있다는! 대출해서 집 사고 이자 갚으며 불쌍하게(?) 살아가는 건 한국인이나 중국인이나 마찬가지이지 싶다(참고로 대출 후 집을 산 뒤 이자를 갚으며 어렵게 살아가는 사람들을 중국어로 팡누〔房奴〕라고 부르는데, 이는 현 중국의 사회 모습을 반영한 신조어이다).

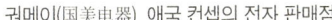
궈메이(国美电器). 애국 컨셉의 전자 판매점

궈메이 안 상품들

다음으로는 궈메이뎬치(国美电器, 전자상가)를 들어가 보았다. 이곳의 영문명은 GOME. 한 번쯤 들어 보았을 만한, 나름대로 유명한 전자제품 판매점인데, 애국 컨셉을 하고 있어 주로 국산 제품을 많이 판매한다. 일종의 애국 마케팅이라는 건데, 나 개인적으로는 저렴해서 좋게 본다(괜찮은 MP3들이 160~300위안 〔3만~5만 원〕 대에 판매되고 있다).

대련 시대광장

2위안(350원)에 구매한 행운 부적

근처에서 우연히 발견한 '대련 시대광장'은 아마도 대련 최고 갑부들이 즐겨 찾는 백화점인 듯하다. 무진장 호화 캐스팅으로서, 구찌며 SEPHORA(丝芙兰), PRADA(普拉达), LOUIS VUITTON(路易·威登) 등 고급 브랜드 판매점이 즐비하다. 대련에 높은 소비력을 가진 중국인 내지 외국인이 많이 상주하거나 방문하고 있음을 알 수 있었다. 이 와중에 스님 한 분이 지나가면서 돈은 원하는 만큼만 주면 되니 행운 부적을 사라고 하시기에 하나 사려고 하는데, 수중에 돈이 별로 없다. 하여 단돈 2위안을 드렸더니 스님께서 별로 안 좋아하시는 눈치였는데…, 음, 어디다 넣어 놨었는데, 주머니를 살펴보니 언제 없어졌는지도 모르게 없어졌다!'

거리 한 편에서 옛 느낌을 물씬 풍기는 물건들을 팔고 있는 아저씨를 볼 수 있었다. 한 개 집어들고 얼마냐고 물었더니 대뜸 500위안(85,000원)이란다. "와, 비싸네요~, 알았어요." 하고 그냥 가

거리의 골동품 판매상

는데, 굳이 가격을 깎아 줄 수 있다며 나를 붙잡았다. 다만 나는 살 생각이 원래 없었으므로 가격 흥정할 생각도 없어 그냥 갔다. 아, 그리고 가격 흥정을 위한 개인적인 팁(Tip)이라면, 처음부터 맘에 드는 물건이 있으면 일단 마음에 든다고 확실히 밝히고 망설이는 척하다가 갈 듯한 모션을 취하면 보통 잡는데, 이 같은 방법을 2~3차례 정도 반복하면 주인이 최저가(?)를 불러 준다. 안 잡으면…, 어쩔 수 없이 제 가격에 사든가 깎아 달라고 말하든가 해야 하겠다.

중국 오락실

중국 오락실은 정말 상타 치는 훌륭한 설비를 자랑한다. 일단 입구에 있는, 투박해 보이지만 게임 마니아들을 굉장히 자극할 수 있는 철권의 헤이하치, 카즈야 모형물이 그 한 예다. 한국과 마찬가지로 총 쏘고 드럼

치는 게임들 모두 완비되어 있고, 가격은 1회에 2위안(350원) 가량이다. 이렇게 돌고 돌다가 그토록 찾던 숙소를 잡았다. 컴퓨터는 없지만 근처에 여권 인증이 가능한 피씨방이 있어 망설임 없이 100위안에 이곳으로 낙점 지었다. 뜨거운 물도 잘 나오고 넓고 대만족!

숙소를 잡고 나서 행복감에 젖어 저녁을 먹었다. '찌엔찌아오또푸피(尖

찌엔찌아오또푸피(尖叫豆腐皮), 고추 두부피

叫豆腐皮)'라는 이름의 이 음식은 간단히 한국어로 하면 '고추 두부 피'(8위안). 기름지게 볶은 두부피에 고추를 넣은 정도의 음식이다. 두부피를 즐겨 먹는 사람이라면 좋아할 수 있을 것 같다. 무난한 맛이긴 하나 대단히 맛있지는 않다. 밥을 먹고 콜라(중국 다이어트 콜라, 겉 포장지가 맘에 든다)를 하나 사고, 이번에는 대련의 해안가에 가기로 결정하고 버스를 찾는데 갑자기 언제부턴가 바람이 심상치 않다.

바람에 괴로워하는 충일이

나무를 붙잡고 있는 한 소녀(?)

바람이 어찌나 센지, 그 도는 힘을 이용해 바닥의 쓰레기들을 둘둘 말아 하늘로 띄우니 쓰레기가 하늘을 날아 다녔다. 마치 영화 'CG'에서 보던 모습을 생생히 보는 듯했고, 과장 안 하고 내 티셔츠가 알아서 벗겨지려 하고, 주위 사람들이 모두 대피하는 듯한 모습을 보였다. 택시를 타려 해도 받아 주지를 않는데, 저기 멀리 나무를 잡고 몸을 지탱하는 한 여인의 모습이 보인다. 정말 엄청난 바람이다. 바람한테 어퍼컷 맞고 말도 아니었다. 만약 바람을 타고 온 깡통이나 쓰레기에 맞으면 크게 다칠 수도 있을 정도. 나중에 너무 궁금해서 한 현지인에게 이 바람에 대해서 물었다. 그러자 "여기 바람이 원래 가끔 이렇게 분다."라고 담담하게 말한다. 갑자기 이곳 사람들이 위대해 보였다. 이런 바람 속에서 어떻게 살아가는지 모르겠다. 아무튼 해안가로 가는 계획을 취소하고 베이스캠프(숙소)로 돌아가 밀린 자료들을 업로드하고 정리하는 작업에 집중하기로 했다.

이 날 밤 10시 30분경 갑자기 전화가 왔다. 대련에 사는 모모 님이 한 번 보자고 하셔서 부랴부랴 택시를 타고 다시 나갔다(당시 블로그 및 카페 등에 여행 중임을 알리며, 중국에서 쓰던 임시 핸드폰 전화번호 등을 공개했음). '한양 불고기'라는 한국 음식점에서 오랜만에 삼겹살에 맥주를 먹었는데, 한 200위안 나왔나? 가격을 잘 기억 못 하는 건, 계산을 그쪽이 했기 때문이다. 아무튼 감사한 기억이고, 뜻밖의 만남이었다.

阳光地带网吧

요녕성 대련
✈ 문자만 제시하면 비행기표가!

어젯밤의 강한 바람은 좋은 추억이었지만, 대련을 많이 구경하지 못해 조금 아쉬웠다. 대신 그간의 여행을 정리할 수 있는 시간을 많이 가질 수 있었는데, 숙소 옆에 있는 피씨방이 내 작업실이었다. 이곳에서는 여권번호를 통해 외국인도 카드를 만들어 이용할 수 있었다. 카드를 만드는 데 든 비용은 10위안. 카드에 돈을 충전해서 사용하는데, 가격은 한 시간에 2~3위안(300~500원) 수준.

중국 피씨방, 카드

장거리 기차 여행을 앞두고 컵라면을 샀다    따오샤오멘(刀削面), 도삭면

나나(천진) 충일(상해)이나 장거리 기차를 탈 계획이어서(파티 해산,) 컵라면과 기타 음료수들을 잔뜩 장만해야 했다. 기차 안에서도 컵라면 및 음료수를 팔지만, 가격이 보통 밖에서 파는 가격의 2배 정도 되는 느낌. 상가 안에서는 반갑게도 한국의 고래밥(好多鱼)과 초코파이(好丽友派)가 보였다.

그리고 나와서 아침 겸 점심으로는 따오샤오멘(刀削面)을 먹었다. 한자(漢子)를 한국식으로 읽으면 '도삭면'인데, 이는 칼로 자른 면이란 뜻이다. 간단히 생각하면 중국식 수제비 혹은 굵은 국수 정도가 되겠다. 이는 산서성(山西城) 지역에서 발달한 음식으로, 면 반죽 덩어리를 칼로 조금씩 베어 내면서 바로 냄비에 골인시켜 면을 만드는 게 특징이다.

향채와 국물, 굵은 면이 어우러져 맛을 내는데, 일반적으로 서민 음식이라 가격도 싸고, 무엇보다 한국인 입맛에 맞는 것 같다.

따오샤오몐을 맛있게 먹고 있는데 핸드폰이 울렸다. 아버지였다. 당시 아버지는 한국에서 종종 중국 공장으로 파견을 나오시곤 했는데, 이번에도 회사 일로 천진(天津)에 나와 계셨다. 나는 도착하는 대로 연락하여 만나기로 했는데, 아버지가 "기차표를 취소하고 비행기를 타는 것은 어떻겠니?" 하고 제안하셨다. 21시간 기차가 1시간 비행으로 바뀌었다. 아버지가 또 바로 표를 예매해 준다고 하셔서, 먼 길을 가는 충일이게는 미안(?)하지만 나는 비행기를 타기로 했다. '아싸~, 날아간다.'

다시 돌아온 기차역 매표소

보통 매표소 끝 쪽에는 표를 환불(退票)하는 창구가 있는데, 기차 출발 전이라면 20% 정도 떼고 환불해 준다. 줄을 서서 내 차례를 기다리는데 한 아주머니가 100위안에 내 표를 사겠다고 하여(원가격 120위안) 바로 거래를 하고 자리를 떴다. 아마도 암표상(?)이었던 것 같다(이후에도 종종 비슷한 일들을 경험함). 이런 식으로 표를 팔아도 좋은데, 주는 돈이 가짠지 진짜인지는 좀 체크해 볼 필요가 있겠다. 워낙 가짜 돈이 많이 유통되고 있어서 말이다(심지어는 ATM에서 뽑은 중국 돈 가운데도 가짜가 있었다).

아무튼 나는 이렇게 표를 물렀고, 동행했던 충일이는 당시 교환 학생으로 있던 상해 복단대 임시방학 기간이 끝나 가는 관계로 상해로 돌아가야 했다. 충일이가 무려 24시간의 장거리 일정을 꽉 막히고 딱딱한 의자에 앉아 갈 것을 생각하니 문득 조금 미안했지만, 나의 중국 여정은 아직도 시작 단계다, 14일차니까. 앞으로 100일도 더 남았다. 충일이를 보내고 나는 오늘 타기로 한 5시 5분 비행기를 기다렸다. 이제 뭘 할까나? 갑자기 널널해졌다.

다시 보는 아기자기했던 바로 그 건물

버스를 타고 어제 보았던, 아마도 대련의 지표가 되지 않을까 싶은 녹색 바탕에 동그란 건물이 있는 곳으로 돌아왔다. '간만에 근처 영화관에서 영화 한 편 보고 어슬렁거리다 비행기를 타야겠다.' 공항으로 어떻게 가는지 사전 조사가 전혀 안 된 상태이나, 왠지 모를 자신감에 준비 없이 2시간 러닝타임의 영화를 보기로 했다. '뭐, 아직 시간이 많이 남았으니까.'

당시 중국에도 '아이언맨(钢铁侠)'이 돌풍을 일으키고 있었는데, 나도 유행에 뒤처질 순 없지. '아이언맨 2' 표를 예매했다. 가격은 50~55위안(9,000원)이라고 적혀 있는데, 대부분은 반값에 팔고 있어서 다행히 25위안(4,000원)에 샀다. 별로 싼 것도 비싼 것도 아닌 정도. 12시 50분에 시작인지라 아직 30분 정도 남아서 좀 돌아다녔다.

영화관 부근을 배회했다

돌아다니면서 다시금 느낀 거지만, 중국 건물들 외관은 진짜 알아줘야 할 것 같다. 화려하면서 다들 높게 짓는다. 근처 노래방(KTV)에서 사람을 모집하고 있었는데, 월급 및 조건이 상세하게 적혀 있었다. 공유하면 아래와 같다.

종업원 1,600~2,400위안 (나이 26세 이하 남자 173cm 이상)

계산대 1,800~2,500위안 (나이 26세 이하 여자 163cm 이상)

경비 1,800~2,600위안 (나이 28세 이하 남자 178cm 이상) 등등.

이들이 받는 월급 1,600~2,600위안은 한화로 30~40만 원 사이가 되는데, 대도시에서 주업으로 삼기에는 다소 적은 수준이다. 그래서인지 뽑는 나이도 26세, 28세 이하.

시간에 맞춰 돌아와서 극장 안을 좀 찍어 봤는데, 역시 어두워서 사진이 안 나온다. 시설은 상당히 괜찮은데, 보는 사람이 역시 거의 없었다. 이번에는 넓은 극장에 15명 정도밖에 없었다. 가격 문제이거나 영화를 보는 문화가 중국에 없거나(불법 DVD로 대체해서 보는 문화) 둘 중 하나이겠지. 영화를 재밌게 보고 나니 3시가 됐다. 5시 비행기 출발이니까 2시간 내에 공항에 도착해야 한다.

택시를 타고 달렸다

2시간이면 아주~아주 충분하다고 생각하는 나지만, 한 번에 가는 버스가 없어 리스크 관리 차원으로 택시를 탔다. 택시 기사님과는 이런저런 이야길 했는데, 시내에서 공항으로 가는 김에 하얼빈 공항 이야기를 했다. 기사님한테 하얼빈 공항에서 시내까지 나가는 데 얼마나 나오겠느냐고 물으니 "50위안 정도?"라고 하신다. 50위안은 좀 낮게 부른 것 같기는 하나, 내가 지불한 300위안은 확실히 사기당한 것이 맞는 듯하다. 혹시나 했는데 역시나. 하긴 잔돈이 없다고 돈을 안 거슬러 주시는 분이었으니까 더 말이 필요하겠는가. 택시비는 26위안 나왔는데 넓은 마음(?)으로 30위안 내고 잔돈은 가지시라고 했다.

어디로 가야 되는 건지 상황 파악하는 데 5분 정도 걸렸다. 창구로 가서 비행기표를 받아야 하는데, 한국에서와 마찬가지로 과정이 대단히 간단하다(당일 가능). 예매자가 인터넷으로 원하는 핸드폰 번호에 티켓 문자를 보낼 수 있는데(이 날 티켓 문자는 아버지가 보내 주신 것), 창

공항 외부

공항 밖 주차장은 차로 가득 차 있었다

문자로 표 수령

구에 이를 제시하면 내가 구매한 표가 아니더라도 비행기 티켓을 준다. 영화를 재미있게 본 죄로(?) 부랴부랴 공항까지 와서 티켓을 교환한 뒤 다소 여유를 되찾은 나는 공항을 조금 살펴보았다(오히려 한 시간 정도 시간이 남았음). 무료로 인터넷 접속이 가능한 곳도 있고, 휴게 공간도 많이 마련되어 있었다. 한편 급매로 나온 표가 보였는데, 곧 이륙하는 천진 행 표가 무려 600위안(11만 원)이나 한다. 조금 늦은 시간에 출발하는 비행기는 400위안, 내일 아침 출발하는 같은 천진 행 비행기는 310위안으로, 시간이 멀어질수록 가격이 급 다운되었다. 빠른 시간 내에 신속히 서비스를 제공 받는 만큼 더 비싼 돈을 내라는 것 같은데, 대체로 합리적인 것 같다.

비행기 탑승까지 이런저런 생각을 하다가 하늘을 보면서 한 달 전까지만 해도 군대에 있던 나의 모습을 떠올렸다. 상병으로 진급하고 난 후 줄곧 중국 여행 계획을 짜곤 했었다. 업무가 중국과 관련되어 있어서, 개인 컴퓨터 옆 벽에 걸린 대형 중국 지도를 보면서 머리 속으로 일주

비행기 탑승을 앞두고

노선도를 그리곤 했던 기억이 생생했다. 시간은 지나고 나면 참 빠르다. 그리고 항상 지나가 있다. 계획을 되돌아보고 있는데, 이내 아버지가 계신 천진 공항에 도착했다. 아버지가 공항에 마중 나와 계셔서 차를 타고 곧바로 호텔로 향했다. 4성급으로 하루 488위안(85,000원)인데, 당시 근검절약 정신이 투철했던(?) 나는 너무 비싸다고만 생각했다. '너무 비싸다…, 아무리 돈이 많아도 난 이런 데 오지 않겠어.'

천진 공항 모습

550위안이었나? 아버지는 한국 말이 병기되어 있는 일식 집에서 정식을 시키셨다. 가격이 비싼 만큼 별의 별것이 계속 나왔다. 회만 나오는게 아니고 산낙지도 나오는 것이, 한국인을 겨냥해 장사하는 듯싶다. 중국 한복판에서 아버지라는 원군을 만나 오랜 만에 비싼 음식을 먹었

오랜 만에 보는 진수성찬

다. 여기서 먹은 복어 꽁지가 든 히레사케는 독소를 없앤다 하여 불을
붙였다가 먹는데, 한 잔에 50위안이나 했다.

저녁을 먹은 뒤 415m 높이를 자랑하는 천진 시 톈타(天塔, 천탑)에 올
랐다(입장료 50위안). 이곳은 관광, 음식점, 전망대, 방송탑의 역할을 모
두 겸하고 있는 곳으로서 밤의 야경으로 유명하다. 천진 시를 내려다보
며 나는 절로 고개를 끄덕거렸는데, 일단 도시가 대단히 계획적으로 잘
만들어졌다는 점에 감탄한 것이다. 지대가 모두 평탄하고 도로와 길이
모두 각지고 반듯하게 나 있어 시 전체의 효율이 대단히 높을 듯하다.
조금씩 확장공사하면서 자연발생적으로 커진 도시에서는 볼 수 없는
규칙성인데, 그러고 보니 우리나라 서울이 그런 것 같다(전혀 규칙적이
지 않은 도시 공사). 그럼 내일은 천진 시가 얼마나 잘 만들어졌는지 천
천히 구경하도록 하자.

텐타(천탑) 위에서 내려다본 천진 시 야경

# 중국인들은 가짜 돈을 어떻게 구별하나?

중국에 있어 봤다면 아시겠지만, 많은 중국 사람들은 돈을 받은 다음에 꼭 진짜인지 아닌지 한 번 펼쳐 보곤 합니다. 도대체 얼마나 속고 살았기에 그러는 것일까요? 저도 처음에는 무방비 상태였는데, ATM에서 뽑은 지폐에서도 가짜가 나오는 바람에 그에 대한 관심이 높아지게 되었습니다. 제가 너무 억울해서 시중에 유통시키려고, 떠넘기려고 했는데, 다들 안 속더라고요. 가짜 돈을 받은 것도 억울한데, 그걸 음식점에서 냈다가 면박 혹은 도둑 취급 당한다면 정말 큰일이지 않을까요? 위조 지폐에 속지 않기 위해 아래와 같이 학습해 봅시다.

위조 지폐는 보통 100위안짜리에 많이 포진되어 있는데요, 이를 사진을 통해 학습해 보도록 하겠습니다.

그냥 100위안짜리 지폐입니다

일단 지폐를 받을 때 가능하면 온전하게, 즉 찢어지지 않은 걸 받아야 합니다. 찢어진 지폐는 다른 사람이 안 받는 경우도 있고 가짜일 확률도 비교적 높은 편이니 유의하도록 합시다.

모택동 초상화 바깥 부분을 만진 뒤

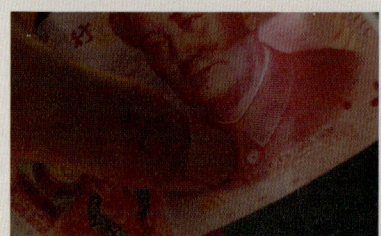

모택동 초상화 옷 부분을 만져 봅시다

우선 촉감입니다. 가장 쉽게 구분하는 방법이지요. 초상화 바깥 부분의 촉감과 모택동 초상화 옷 부분의 촉감은 분명히 달라야 합니다. 옷 부분이 좀 더 꺼칠꺼칠해야 진품인데요, 촉감을 잘 못 느끼시는 분들은 이 방법을 쓰실 수 없겠네요. 그러나 거길 만졌을 때 A4용지마냥 느낌이 없다…, 이건 100% 위조 지폐입니다. 현장에서 그 돈을 바로 그 사람에게 돌려주세요. 악질이라 안 받으면 경찰을 부릅시다.

이 방법도 못 믿겠다 싶을 경우, 마지막으로 본래 초록색으로 보이는 좌측 하단의 100자를 기울여서 보면, 약간 회색을 띠는 색으로 다르게 보여야 진짜입니다. 모쪼록 중국까지 와서 가짜 지폐를 받았다가 돈 잃고 면박당하시는 일이 없기를 기원합니다.

펼치면 초록색 100자 옆에 하얀 100이 더 보인다

그리고 펼쳤을 때 좌측 하단의 초록색 100 옆에 하얗게 100자가 하나 더 보여야 합니다(50위안이면 50자). 보통 많은 중국인들이 돈을 받은 뒤 이 방법으로 위조지폐인지를 확인하는 것 같았습니다.

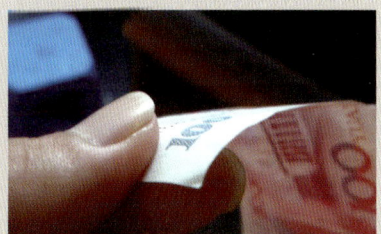

초록색 100자는 기울이면 회색으로 보여야 한다

# 중국의 4대 직할시 중 하나, 천진(天津)

인구 1,413만 명(2012)
지역총생산 12,885억 위안(2012)

〈통계 출처: 『Baidu 백과사전』〉

## 역사 문화

천진은 한때 침강하여 물속에 잠겨 있다가 육지화되어 생겨났다. 오래 전부터 항구 도시로 사용되어 명나라 영락 황제로부터 '천진(天津)', 즉 '하늘의 나루'라는 이름을 부여받기도 했는데, 항구라는 특성상 외국인들의 왕래가 많았고, 특히 아편전쟁 이후 천진조약이 맺어지면서 정식 개항되었다. 이후 서양 열강들의 지배 및 영향을 많이 받아 지금까지 일부 그 흔적이 이어지고 있다.

잘 가꾸어진 잔디와 높게 솟은 빌딩

**4대 직할시 천진**
# ✈ 길거리 음식문화가 발달한 중국

6시쯤 일어나 아버지와 함께 호텔에서 아침 식사를 했다. 어제 너무 잘 먹다 보니 그다지 식욕이 없어 과일 위주로 조금만 먹고 방으로 돌아왔다.

나는 공항에서 휴대 불가했던 샴푸와 치약을 호텔 일회용품으로 대체하고(득템), 버리려고 가져왔던 유일한 긴 바지를 버렸다. 사실 그동안 생각했던 것보다 추워서 고생을 좀 했다. 특히 하얼빈에서는 정말 너무너무 추웠다. 나와 슈퍼맨의 아주 작은 공통점(?)이라면 햇빛을 받아 힘을 충전한다는 것인데, 드디어 나의 계절 여름이 다가온 것이다. 이제 진정한 여행이 시작된 것 같다. 나가서 힘 좀 써봐야겠어!

아버지와 작별하고 호텔에서 나와 조금 걷다 보니, 확실히 천진이 발달한 도시임을 알겠다. 4대 직할시 이름 값을 하듯, 지금까지 보아 온 동북 3성 도시와는 어느 정도 수준 차이가 있음이 확연했다. 어제 야경으로도 봤지만 도시 구획도 잘되어 있고 도로도 아주 넓어 효율적인 이동, 운송이 가능할 듯하다.

북적대는 곳이면 어디나 밖에서 장기 두는 아저씨들을 볼 수 있었다.

밖에서 장기 두는 아저씨들

두는 사람은 심각하고, 주위 사람들의 얼굴에는 웃음이 가득하다. 열심히 생각해서 함정을 만들어 두었는데 누가 훈수로 가르쳐 주기라도 한 것일까? 아무튼 중국에서는 바둑도 인기가 많지만 장기가 아무래도 좀 더 대중적인 것 같고, 가끔 거리에서 장기로 도박을 하기도 한다. 이렇듯(?) 중국인들은 다양한 취미 생활을 즐기고 있는데, 지금까지 보아왔던 연 날리기, 폭죽 터뜨리기(다소 민폐), 장기·카드, 탁구, 농구, 테니스, 수영, 단체 태극권, 특이한 애완동물 기르기 등등의 모습에서 그 다채로움을 볼 수 있었다.

너무 길게 이어져 있던 시장

동네 사람들이 언성 높여 다투고 있었다

걷고 또 걷다 보니 과일 및 잡화를 파는 길목에 들어섰는데, 길이 끝도 한도 없이 길게 이어졌다. 가는 길에 경찰을 가운데 두고 싸우는 사람들을 목격했다. 무슨 일인지는 모르겠으나 경찰 아저씨가 대단히 힘들어하고 있었다. 이런 곳에서는 또 중국 특유(?)의 싸움구경 문화를 볼 수 있었는데, 다투는 사람 주변으로 사람들이 쭈~욱 둘러서서 보고 있다.

아무튼 나는 요즘 들어 중국 경찰 아저씨들이 그냥 동네 아저씨같이 편하게 느껴진다. 제복은 되게 무섭게들 입고 있는데, 알면 알수록 무섭지 않고 나의 신변을 지켜 주는 그런 느낌. 뭔가 중국에서 경찰, 공안이라고 하면 부패의 상징에 멀쩡한 사람 잡아갈 것 같지만, 실상은 대개 이런 불쌍한 아저씨들이다(물론 치고 들어올 기회는 주지 말자).

호텔을 나와 2시간 이상 걸어 다녔다. 가방을 멘 상태로 돌아다니다 보니 땀이 많이 났다. 숙소를 잡아 짐을 내려놓아야 속 편하게 돌아다닐 수 있을 텐데, 지금 이런 곳에서는 마땅한 곳을 찾으려야 찾을 수

외투를 버리다

도 없고, 답답하고 덥고 하여 들고 있던 외투마저 버렸다. 본격적인 여름은 아직 15일 정도 남았지만, 나는 벌써 반소매, 반바지 각 2벌과 긴소매 하나만 남기고 모든 의류를 버린 것이다(그래 봐야 외투 하나, 긴바지 하나이지만). 추울 겨를이 없도록 돌아다니면 되는 것 아닌가?

지나가는 길에 '천진 한국 국제학교'라는 곳을 보았다. 초중고 수업에 중국어, 영어를 배울 수 있는 학교라고 하는데, 다들 파이팅 넘치게 공부하는 꿈나무들이겠지? 오랜 방황 끝에 버스를 타고 조금 번화가로 보

1 용허따왕(永和大王), 중국식 패스트푸드점
2 용허따왕의 내부 인테리어

이는 곳에 내려서 점심부터 해결하기로 했다.

이곳은 '용허따왕(永和大王)'이라는 중국식 패스트푸드점으로 죽과 두유(豆漿), 중국 음식을 파는데, 중국 전국에서 볼 수 있는 브랜드이다. 심양에서 들렀던 리씨엔셩(李先生)과 마찬가지로 여기서도 중국 음식을 세트로 묶어 파는데(물론 단품으로도 살 수 있다), 세트 가격이 15~21위안 정도 한다. 한 끼에 3천 원 정도 되는 셈인데, 결코 싼 가격이 아님에도 사람이 엄청 붐볐다.

루로우판(卤肉饭)

주문을 하면 번호판을 주는데, 테이블 위에만 올려 두면 사람이 음식을 가지고 오는 시스템이었다. 내가 주문한 음식은 '루로우판(卤肉饭)'. 돼지고기 삼겹살에 간장, 당근 등 기타 채소를 이용하여 만든 덮밥으로 간장 맛, 소금 맛의 짠맛이 강하게 났다. 참고로 '루로우(卤肉)'는 루쉐이(卤水, 염분 함량이 높은 물)에 간장을 넣고 삶은 삼겹살을 말한다. 중국 음식에서 자주 등장하는 이름이니 기억하면 좋을 것!

천진 제일 옛 거리(天津第一老街)

텐진즈옌(天津之眼), 시내 상징물

밥을 먹고 나와서 '천진 제일 옛 거리(天津第一老街)'라고 쓰인 골목으로 들어서니 다소 고풍스러운 모습을 한(하지만 분명히 새로 건축된) 시장이 나왔다. 시장에는 저렴하면서도 질 좋아 보이는 잡화들이 가득했는데, 한 켠에는 예쁜 신발들이 35위안(5천 원) 정도 가격에 판매되고 있었다. 여기서 나는 주먹보다 조금 큰 크기의 실용적인 가방을 하나 샀다(여행 내내 정말 편리하게 사용할 수 있었다).

이건 다리 위에 건설된 텐신스옌(天津之眼, 전진의 눈)이라는 대관람차다. 밤이 되면 불이 켜지면서 장관을 연출한다고 하는데, 들기로는 세계에서 유일하게 다리에 건설된 대관람차라고 한다. 나는 사실 처음 접했을 때 놀이공원도 아닌데 뭐 이런 것이 다 있나 하고 지나갔었는데, 알고 보니 이런 '썰'이 있었다.

아침부터 계속 숙소를 잡으려 했는데, 모르게 모르게 계속 돌아다니고만 있었다. 정말 진지하게 잡으려고 택시를 타고는 숙소 많은 곳으로 가달라고 아저씨께 부탁했다. 그렇게 한 삔관(宾馆, 중저급~중급 숙소)

버스 문 앞에 "잔돈은 안 거슬러 줍니다"

에 도착했는데, 당시 내 예산 기준으로 너무 비싼 가격을 불러서 그냥 나왔다. 날은 덥고 나는 언제까지 숙소를 찾아 걸어야만 하는 걸까?

아, 진짜…, 처음에 위치를 잘못 선정하면 원하는 숙소 잡는 건 거의 불가능하다. 택시 기사 아저씨가 나를 보통 주거지에 내려놔서 완전히 망했다. 기차역 주변으로 가는 것이 제일 무난하고, 그 다음이 대학가 부근이 숙소 잡기 좋은 장소다. 다시 버스를 타고 기차역 부근으로 장소를 옮겨갔는데, 버스 문에 "잔돈을 안 거슬러 주는 걸 용서해 주세요"라고 쓰여 있는 문구가 인상적이다. 중국에서는 잔돈(1위안짜리)을 꼭 챙겨서 다니도록 한다.

천진의 거리

중국에 와서 보면 이곳의 길거리 음식문화가 크게 발달해 있음을 알 수 있다. 문제는 어지럽히는 사람은 많고 치우는 사람은 적다는 점이다. 그래서 거리에서 냄새가 나는 것 아니겠는가? 길거리 문화는 '소상인 생계+볼거리+수요' 측면에서 유지되어야겠지만, 위생적으로 보면 개선이 필요하다. 법적 강제와 의식 개혁을 동시

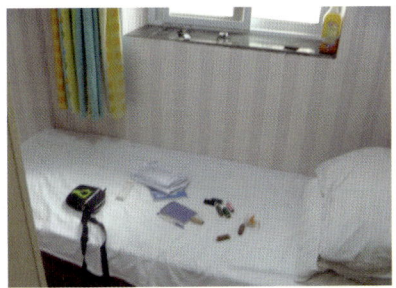

드디어 잡은 숙소!

추진해야 할 것 같은데, 아직까지는 그 길이 요원할 듯.

그리고 나는 드디어 60위안에 화장실 딸린 방(뜨거운 물 잘 나옴)을 잡을 수 있었다. 역시 잘 잡으면 어딜 가나 싸고 좋은 데가 있다. 방은 좁지만 참 깨끗하다(밖에 고양이가 있지만 말이다). 물론 컴퓨터가 없어서 어떻게 자료를 정리할까 걱정이 조금 되긴 했으나(한 도시에서 연속으로 7개 피씨방에서 퇴짜받은 적이 있었음), 다행히도 부근에 외국인도 갈 수 있는 피씨방이 있어 이 날 정리에는 문제가 없었다(한 시간에 500원 돈). 오늘 하루도 이렇게 끝이다!

난카이 대학

**4대 직할시 천진**

✈ 작은 마을! 난카이(南开) 대학교

많이 알려진 사실이지만, 중국인들의 담배 사랑은 유독 대단한 편이다.

시장 자본주의가 이미 깊숙이 자리 잡은 중국인 만큼 수요가 있으면

역시 공급이 있어, 술이나 담배를 전문적으로 파는 상점들을 어렵지

않게 거리에서 볼 수 있는데, 가격은 그야말로 천차만별.

이곳 술 가격은 25~30위안 정도
가 많고 담배는 좀 비쌌다. 중
화(中华) 브랜드 담배 한 갑이
45~60위안(1만 원대)이나 했다
(더 비싼 것도 있다고 하니…).
술과 담배 쪽은 조예가 전혀 없

중국산 명품 담배는 한 갑에 1만 원이 넘는다

어서 자세한 설명을 못 해드리겠으나, 일반적으로 중국 서민층들은
10~20(2000~4000원)위안대의 담배를 피우며, 싼 건 몇 백 원짜리도 있
다고 한다. 나오면서 건전하게 파인애플 아이스크림을 하나 물었는데
1.5위안, 아주 맛있게 먹었다.


천진에는 총 4일간 머무를 예정
인데, 오늘의 미션은 오랜 만의
대학생 설문조사였다. 버스를 타
고 이곳 명문대 난카이(南开) 대
학으로 향했다. 이곳 버스비는 2

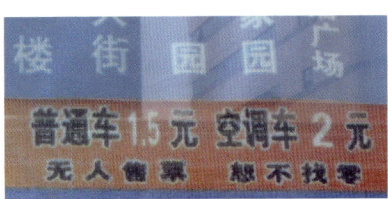
버스노선 표. 에어컨 버스(空调车)가 더 비싸다

위안(350원)으로, 지금까지 동북아 지역에서 1위안(175원)에 다녔던 것
보다는 비싼 편이다. 재미있는 것은 에어컨 버스(空调车)와 일반 버스
를 구분하여 가격을 다르게 책정하고 있었다는 점인데, 에어컨을 틀었
으니 기름 값을 더 받는다는 것이다. '따지고 보면 얼마나 합리적인 생
각인가?'

뻰쟝따오(滨江道) 역

뻰쟝따오(滨江道) 역에서 내렸다. 이곳은 난카이 대학 부근이면서 천진 시에서 가장 번화한 곳 중 하나이기도 하다.

난카이 대학으로 가려면 버스를 한 번 갈아타야 하는데, 지금 내가 탄 버스는 이층 버스였다. 신기해서 오르락내리락 구경하는데, 나 정도 키의 사람은 머리가 천장에 가끔 닿

이층 버스에 탑승

을 수 있어서 불편한 게 단점이었다. 내 키는 179cm! '루저 중에서는 그나마 가장 복 받은 사람?'

그리고 난카이 대학에 도착했다. 입구에 들어서면 웬 숲(?)이 펼쳐지고, 양쪽으로는 건물들이 띄엄띄엄 위치해 있다. 그리고 눈에 보이는 무시무시한 자전거 부대. 오, 나는 자전거가 많은 학교를 보면 겁부터 난다.

난카이 대학

중국 대학교는 무슨 마을 같아서 '학생 기숙사, 임직원 기숙사, 세탁소, 목욕 시설, 식당, 상점, 강의실, 행정 건물, 공원, 운동장, 체육관', 이것들이 학교라는 울타리 안에 모두 존재하고, 넓게 넓게들 지어 놔서 진짜 하나의 큰 공동체를 구성한다(중국은 전국이라는 개념이 워낙 넓다 보니 타지 사람들은 통학이 불가. 그러니까 기숙사가 클 수밖에 없고, 큰 기숙사의 수요가 또 다른 부대 시설들을 끌어들이고 한다). 아무튼 학교 자체는 굉장히 아름다웠고, 대형 수영장도 마련되어 있었다. 학생들은

난카이 대학

90분에 8위안(1,200원)이면 이용 가능하다.

학교 복사실에 들러 설문지 복사를 완료했다. 1.3 버전으로 업데이트된 설문지를 들고(계속 업데이트하고 문제도 보강 중) 설문을 파이팅 넘치게 하려는데, 넓어서 사람이 분산되어 있는 데다 다들 자전거를 타고 다녀서 사람 찾는 데 애로사항이 많았다. 이 주변에는 톈진대(천진 대학)가 있어서 천진 대학 학생들도 가끔 지나다니는 것 같았다. 설문을 위해 "난카이 대학생이십니까?" 하고 묻는데, 어떤 여학생이 "우리는 천진대 대학생이다!" 하고 지나갔다. 둘 다 천진 시 최고 대학이라 그런지 약간 경쟁하는 듯.

설문조사를 열심히 하고 있는데 근처에서 나와 같은(?) 일을 하고 있는 소녀를 보았다. 서로 반가워하는 눈치. 사람 잡기가 힘들다 보니 동병상련했다고나 할까? "헌까오씽 찌엔니 워먼쓰동항(很高兴见你,我们是同行)!" 서로 같은 일로 그 자리에 있다고 생각하니 그리 쓸쓸하지 않았다.

자전거는 자동차급 교통 수단이다

무사히 설문을 마치고 난카이 대학을 나왔다. 아무래도 천진 시에서 자전거는 자동차급 교통 수단인 듯하다. 도로에 자동차보다 자전거가 압도적으로 많은 모습이 매우 이질적이다. 아니, 이게 중국스럽다고 불러야 할 것 같다. 자전거와 자동차가 도로에서 공생하고 있는 모습이 더 이상 낯설지 않다. 자전거 도로도 잘 정비되어 있다.

천진에서의 첫째 날 야경을 내려다보았던 천탑의 모습

설문을 끝내고 돌아가는 길은 언제나 뿌듯함이 가득하다. 생생한 목소리를 들을 수 있는 기회이기 때문. 저기 멀리 어제 올랐었던 천탑(天塔) 보인다. 야경도 야경이지만, 밑의 호수와 함께 도시와 어울리는 균형미가 참 뛰어나다.

저녁 식사를 하러 피자헛에 들렀다. 중국어로 피자헛은 '삐셩커(必胜客)'인데, 발음상으로는 전혀 피자헛 같지 않으나 뜻이 좋다. '고객 승리

중국 피자헛, 인테리어만 피자헛이다

에 대한 약속' 내지 '반드시 만족시 키겠다'는 의미를 가지고 있어서 중국인들 눈에 자연스럽게 보일 것이다. 우리가 흔히 발음이 전혀 비슷하지 않다고 놀리는(?) KFC나 맥도날드는 각각 '컨더지(肯德基)', '마이땅라오(麦当劳)'라고 불리는데, 이것들도 대체로 발음 그 자체보다는 사용하는 한자어와의 조화를 중시한 결과다.

이곳 피자헛에는 뭔가 범상치 않은 메뉴들이 많았는데, 일단 1인용 피자가 있다는 게 제일 신기했다. 가격은 20~30위안 정도로 조금 비싼 밥 수준이다. 이 밖에 볶음밥과 망고주스 및 과일화채 같은 음료수들이 있어, 높은 현지화 수준을 내게 일깨워 주었다. 그리고 전반적으로 샐러드나 스파게티들도 엄청난 중국화가 되어있어서 내가 아는 그곳이 맞나 싶을 정도였다(세트 메뉴에는 콜라 대신 과일주스, 차 등이 들어가 있다). 아무튼 피자 자체는 맛있게 잘 먹었다.

엉덩이에 구멍 뚫린 바지를 입은 아이

나와서 삔쟝따오(滨江道)를 걷는데, 7살은 족히 되어 보이는 앞에 지나가는 아이가 엉덩이가 훤히 보이는 바지를 입고 있는 것이 보인다. 급할 때 아무 데서나 '응아'하기 위해서 저런 바지를 입는 건데, 그럼 이런 도시에서도 급'변'을 보겠다는 생각인지? 그리고 아무리 급해도 바지를 내리고 싸면 되는데, 왜 저런 걸 입는지 잘 모르겠다. 내 상식으로는 도저히 이해할 수 없는 문화다.

그리고 항상 궁금한 것이 왜 많은 중국 학생들은 자기 몸보다 큰 체육복을 입고 있을까? 여기에는 두 가지 가설을 제시할 수

왜 체육복은 항상 큰가?

있겠다. 가설1) 학생끼리 대대로 물려 입고 물려주기 위해 항상 넉넉한 사이즈로 주문하기 때문이다. 가설2) 중국에서는 크게 입는 게 먹어주는 패션이다. 아마도 둘 중에 하나이거나 둘 다이거나 그러겠지. 아무튼 아직까지도 내게 풀리지 않는 의문.

중국은 참 특이하다. 아니다. '특이하다'라는 표현보다는 우리와 사고방식이 확연히 다르다는 게 정확한 표현일 것이다. 위 간판을 보면 '길을 사람에게 양보하자'라고 되어 있는데, 한국이었다면 '교통 규칙을 준

도로 표지판 : '길을 사람에게 양보하자'

수하자'라는 식의 쌍방향적 문구가 적혀 있지 않았을까? 이곳은 도로임에도 일방적으로 '길을 사람에게 양보하자'라고 되어 있다. 개인적인 생각으로는, 차 안에 있는 것도 사람인데 서로 양보하고 배려하는 것이 맞지 않을까?

중국을 보면 사람이 우선됨을 강조하는 문구가 많다. 어쩌면 당시 공산당 주석이었던 후진타오가 주장한 '사람을 근본으로(以人为本)'라는 구호에 충실하기 위해 정부 기관에서 알아서 행동한 것일 수도 있겠는데…, '차에도 사람 타고 있다고…'

밤 문화가 있는 것은 한국만이 아니다. 날이 어두워짐에 따라 사람들이 길거리에 서서히 많아지기 시작했다. 여기서 문제는 아무도 안 치우는 쓰레기들…. 길거리에서 냄새가 난다면, 중국이 아무리 발전하고 강한 나라가 되어도 외국인들이 볼 때 존경받기는 힘들 것이다. 오늘 밤도 이렇게 저물었다.

날이 어두워지면 사람들이 모이기 시작한다

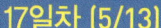

자전거 공화국 중국

**4대 직할시 천진**

✈ 상의 실종 패션은 중국 남성의 특권

오늘의 아침 식사는 '따빙지단(大饼鸡蛋)', 한국어로 번역하면 계란 프라이 빵 정도라고 할 수 있다. 만드는 법은 간단하다. 넙적한 빵 안에 계란 프라이를 넣고 그 안에 당근 등 갖은 야채를 첨가하는데, 양념을

따빙지단(大饼鸡蛋),
계란 프라이 빵

아주 짜게 하는 게 특징이다. 따라서 소금을 너무 많이 넣지 않도록 '옌 너 부야오 팡 타이뚜오(盐呢不要放太多)'라고 먼저 말해 주자. 소금만 너무 많이 안 넣으면 딱 맛있는 그런 음식이라서 여기 숙소에 머무르면 서 자주 먹었다. 따빙지단(大饼鸡蛋)은 천진 시 명물 음식이다.

난징루(南京路) 일대

어제 대학생들이 추천해 준 천진 난징루(南京路, 남경로)로 왔다. 이 길에는 천진 시를 대표할 수 있는 거리인 삔쟝따오(滨江道), 샤오바이로(小白楼), 우따따오(五大道)가 3방향으로 펼쳐져 있었다. 아무 데나 가볍게 가면 그곳이 바로 내가 가려고 했던 그곳이 되는 셈이다.

먼저 도착한 샤오바이로(小白楼). 이 건물의 중국어 뜻은 '하얀 작은 건물'로, 역사적 고사가 얽혀 있다고 한다. 1860년 항구 도시인 천진이 개항되자 제국주의 국가들이 앞다투어 들어와 강제로 자국인 거주지를 만들었는데, 이 샤오바이로 지역은 미국인들 차지였다. 외벽이 하얗게 칠해진 이 술집을 당시 지역 주민들이 암묵적으로 샤오바이로라고 부르면서 유명해졌다고 하

샤오바이로(小白楼). 1층엔 KFC?

결혼사진을 찍고 있는 커플. 빨간 스포츠카가 인상적

는데, 아침에 먹은 따빙지단이 생각나는 뭔가 짠한 스토리다(지금은 1층에 KFC가 들어와 있다. KFC는 중국인들의 국민 식당). 맞은편에 결혼식장이 있어 앞에서 결혼사진(婚纱照)을 찍는 사람도 볼 수 있었다.

천진에서 유명한 음식이 있다면? 고부리빠오즈(狗不理包子), 스빠제마화(十八街麻花), 따빙지단(大饼鸡蛋). 적어도 이 3개를 빼뜨릴 수 없을

고부리빠오즈(狗不理包子)　　　　　　　　　고부리빠오즈의 네 속을 보여줘!

것이다. 그 중에서도 가장 많이 회자되었던 음식이 바로 고부리빠오즈
(狗不理包子)라고 한다. 샤오바이로에 들렀다가 바로 앞에 '고부리빠오
즈'를 전문적으로 파는 집이 있어 들어갔다.

가격은 오, 이런 도둑놈들. 딱 봐도 그냥 찐빵 만두 같은 것 8개를 28
위안(5천 원)에 팔고 있었다. 속는 셈치고 사서 먹는데, 솔직히 말해서
그렇게 특별한 점을 모르겠다. 이름 자체를 풀면 '개도(狗) 상대 안 할
(不理) 찐빵(包子)'인데, 여기에는 고사가 있다. 아무튼 이 음식 자체는
그냥 찐빵과 만두 사이 그 자체로, 안에 들어 있는 돼지고기 소(馅)와
즙이 괜찮은 편이긴 하나 대단할 것은 없다. 이 '개도 상대 안 할 찐빵'
에 얽힌 고사는 다음과 같다.

옛날 고귀우(高贵友)라는 사람이 있었는데 고집이 어찌나 센지 부모들
이 부끄러워할 정도라서 개도 상대 안 할 사람으로 불리게 되었다(狗
不理). 그런데 그가 나중에 찐빵을 기가 막히게 잘 만들었고, 사람들은
이 찐빵을 주인집 별명을 붙여 고부리빠오즈라고 불렀다. 믿거나 말거
나. 중요한 건 음식 자체는 별로였으니까. 참고!

북방의 거한(巨漢)

그런 눈으로 보지 말아 주세요

중국인들은 키가 작다? 크다? 일반적으로 북쪽 사람들이 크고 남쪽 사람들은 작다고 하는데, 정말 맞는 말이다. 사진에 보이는 큰 사람은 오직 북쪽 지역에서만 볼 수 있었고, 남쪽 지역으로 내려가자 버스를 탔을 때 나만 한 사람(179cm) 보기가 힘들었다. 아무튼 중국의 만리장성 '야오밍'을 떠올리게 하는 거인이었다.

그리고 웃통을 벗고 다닐 시즌이 아직 아니지만(여름이 되면 많은 남성분들이 상의 실종 패션을 과시한다), 벌써부터 저렇게 살짝 옷을 걸쳐서 입고 있는 중국 청년은 흔히 볼 수 있었다.

1 우따따오(五大道)
2 우따따오 일대에는 유명한 사람들이 많이 산다고 한다

삔쟝따오(滨江道), 삼성관 기업은행 간판이 눈에 띈다.

이번에는 우따따오(五大道)라는 곳에 왔다. 이곳 역시 샤오바이로와 마찬가지로 제국주의 국가들이 여기저기 뿌리 내림에 따라, 그 영향으로 영국, 프랑스, 이탈리아, 독일, 스페인 등 다양한 건축 양식이 나타나는 곳이라고 하는데…, 알겠다, 큰 감흥 없이 보다가 나왔다.

이제 다시 톈진 최고의 거리 삔쟝따오(滨江道)로 돌아왔다. 새삼스레 삼성과 기업은행(IBK) 간판이 눈에 띄었다. 나는 인근 스타벅스에 들어가 보았다. 참고로 중국에서는 별다방을 씽빠커(星巴克)라고 부르는데, 안에 들어가서 보니 한국의 그것과 크게 다를 것이 없다. 일단 가격 자체가 21~34위안 수준으로(3,000~5,000원) 한국에서 마셨던 커피와 거의 비슷한 가격이다. 중국에는 사람이 많다 보니 소비력이 한국인만큼 되는 사람도 꽤 있다(14억의 4%면 벌써 5,600만 명이 아닌가). 그래서 스타벅스 같은 기업은 중국의 상류층 혹은 문화생활에 아낌 없이 돈을 쓰는 사람들을 겨냥하여 진출한 듯하다. 역시 사업은 돈 있는 사람들을 대상으로 하는 것이 진리다(그냥 개인적인

스마트한 전철 표 자동 판매기

철학). 여기 중국 스타벅스도 보통 인터넷이 가능하게 되어 있는지, 점포에는 노트북을 가져온 손님들이 종종 눈에 띄었다.


간단히 커피를 마시고 나와서 지하철을 타러 갔다. 지하철은 거리별로 가격이 합리적으로 책정되어 있다. 2위안이 5정거장, 3위안이 10정거장,

지하철 내부 모습

천진 시의 한 베드타운, 주거지가 참 잘되어 있다

4위안이 16정거장까지 갈 수 있다. 이곳 역사의 표는 자동 판매기로만 판매하는데, 자동 판매기 지능이 만족할 만했다. 그리고 초록색 동전이 표로 나오는데, 들어갈 때 찍고 나갈 때 넣으면 된다(상당히 편리한 시스템이다).

일단 에너지 충전을 위해 콜라를 사고 거주지가 어떻게 생겼는지 보기 위해 돌아다녔다. 이곳은 도시 외각에 위치한 거주 지역으로서 베드타운 정도로 봐야 할 것이다. 소득 수준이 그리 높지 않은 사람들이 살것으로 보임에도 불구하고 공원처럼 예쁘게 잘 만들어져 있다. 중국 중산층의 아파트 거주 환경은 우리가 생각하는 것보다 훨씬 수준이 높다.

이것은 전기 프라이팬입니다

1 빵의 명가 하오리라이(好利来)
2 재미있고 과장되게 생긴 케이크

돌아다니면서 사진을 찍고 있는데 웬 할아버님이 뭐하냐고 물으셔서 "한국에서 왔는데 여기저기 그냥 보고 있다."고 했다. 그러자 갑자기 뭐 좀 읽어 줄 수 있느냐고 하시더니, 집에 들어가서 '전기 프라이팬'이라고 쓰여 있는 걸 가져오셨다. "사용처를 몰라서 못 쓰고 있었다. 계란 같은 것을 구워도 되느냐?"고 하시는데, 따딩지단이라고 해드실 생각인가? 된다고 말씀드리고 빠이빠이 했다.

돌아오는 길에는 하오리라이(好利来)라는 빵집에 잠깐 들렀는데, 여기서는 각종 빵(주로 서양식)과 음료를 팔고 있었다(하오리라이는 전국적인 체인점을 가지고 있음). 이곳 케이크들은 맛있게 생겼다기보다는 단순하면서 되게 크고 과일이 많이 들어가는 것이 특징이다. 가격은 100~300위안 정도로(17,000~51,000원) 절대 싸지 않고, 정말 과장된 모양의 케이크도 눈에 띄었다. 예를 들어 특이하고 크게 제작되어 케이크에 올려진 '壽'(장수하라는 의미)자라든지, 2층 3층으로 올려진 것들도 많이 있었는데, 중국인들의 과감성을 잘 보여주는 것 같다. 한국의 무난함과는 거리가 멀다.

중국의 한 미용실                    미용실 막내

숙소로 가는 길을 찾다가 어쩌다 보니 부근 미용실에서 머리를 자르게
됐다. 머리도 깎고 파마도 하기로 했는데, 불안하다. 사실 길을 잃고 헤
매는데 옆에 미용실이 보이자 도전 정신으로 "좋아! 중국 미용실을 가
보겠어." 하고 들어온 것이다.

머리 깎는 일을 도와주던 노란 옷 입은 아이와 이런저런 이야기를 같
이 많이 했는데, 여기서 제일 막내로 아마도 잡일을 하는 것 같았다. 집
중 안 하고 있다가 사수(?) 보이는 미용사에게 갈굼도 먹었다. "니가 안
해서 내가 했잖아. 이런 말 두 번 하게 하지 마라." 하여튼 노란 옷의 아
이(막내)는 한국인인 내게 질문을 상당히 직설적으로 했다. "한국은 도
시 국가 아니냐?"고 묻는다. 중국인들 입장에서 볼 때 한국이 작다 보
니, 놀랍게도 그냥 한국에 덩그러니 서울이 있는 걸로 생각되는 경우가
종종 있다. 유사 질문으로는 "한국은 해양 국가니까 해산물 많이 먹을
수 있어 좋겠다." 하는 것 등이 있다(3면이 바다니까 어느 정도 맞는 말
이긴 한데, 나는 서울에서만 살아서 그런지 해산물 하면 항상 비싸게만
느껴진다).

아무튼 파마하는 2시간 동안 계속 이야기한 것 같은데, 이들은 대체로 한국에 대한 호기심이 상당했다. 파마할 때 쓰는 약 3가지를 보여줬는데 가격이 각각 88위안, 138위안, 200위안 정도이고, 이 중에 하나를 골라서 그 돈만큼만 지불하면 됐다. 나는 138위안(2만 원)짜리를 골랐다

머리를 깎고 숙소로 겨우 돌아온 나는 따뜻한 양로우라멘(羊肉拉面, 양고기 국수) 한 그릇을 먹고 쉬다가 다시 피씨방에 가서 하루 일과를 정리했다. 오늘 보고 느낀 점을 간단히 요약하면, '첫째, 고부리빠오즈 별것 없다. 둘째, 하오리라이라는 빵집 생각보다 괜찮다. 셋째, 천진 시 지하철은 1호선밖에 없지만(지금쯤 추가 개통되었을지도) 역시 잘 만들어졌다.' 정도가 되겠다.

양로우라멘(羊肉拉面). 양고기 국수

구로우 내부 모습

**4대 직할시 천진**
✈ **부처님 손바닥 위의 손오공**

아침 일찍 숙소를 나와 천진 시 대공략 2탄을 전개하려고 하는데, 숙소 앞에서 동네 건달(?)들이 싸우고 있었다. 그 장면을 보고 있다가 기록을 남기기 위해 좀 멀리 간 뒤 줌(zoom)으로 당겨 찍었다. 문제는 사진이 잘 안 보인다는 것. 재미있었던 것은 이걸 싸운다고 말해야 하나. 주먹다짐이라기보다는 가벼운 몸싸움 및 약간 찌질하게 보일 수 있는 팔꺾기 정도의 싸움이었다. 주위 사람들이 말려서 말싸움을 하다가 다시 달려들어서 팔을 꺾었다.

싸움 구경하면서 사진 찍는 나쁜 사람이 된 기분이라 한 마디 하자면, 이건 두 청년 간의 작은(?) 싸움이었고, 균형이 안 맞았다면 분명히 내가 나서서 말렸을 것이라는 것은 확실히 해두고 싶다! 엣헴…, 콜록콜록.

요우티아오(油条). 기름에 튀긴 길다란 빵

지아오즈(饺子). 그냥 만두다

이 날 아침 밥은 중국인들이 아침에 즐겨 먹는 '요우티아오(油条)'를 택했는데, 영어로는 'Fried bread stick', 말 그대로 기름에 튀긴 길다란 빵조각이다. 주로 짠맛이 나고 대단히 기름지면서 바삭바삭하다. 서민들이 아침으로 먹는 만큼 가격은 대단히 저렴했다(1위안). 솔직히 진짜 내 스타일이 아닌 음식인데, 먹을 만한 것은 이 '지아오즈(饺子)'다. 지아오즈는 그냥 만두라고 보면 되는데, 만두 소에 따라서 맛 차이가 큰 것은 당연지사 되겠다. 여기 주인장은 만두를 '냥(两)' 단위로 1냥당 2.2위안(400원)으로 팔고 있었는데, 2냥이면 풍족하게 먹을 수 있다.

여기서 잠깐, 중국 단위에 대해서 알아보자. 1냥(两)=50g, 1찐

(斤)=500g, 1꿍찐(公斤)=1KG으로, 10냥(兩)이 1찐(斤)이 되고, 2찐(斤)이 1公斤(KG)이 되는 것이다. 아무튼 중국에서 주로 과일을 살 때 몇 냥, 몇 냥 이렇게 많이 파니까 1냥이 50g(克)이라는 것 정도는 꼭 알아 두어야겠다.

기차역에 들어갈 때는 짐 검사를 받는다

내일 중국의 수도 베이징(북경)으로 가기 위해 기차표를 사러 왔다. 도착했을 때, 바로 샀으면 좋을 것을? 아, 나는 공항으로 왔었지…. 표를 살 때 특이했던 점은 원래 사진에 보이는 짐 검사는 기차를 탈 때만 하는데, 여기는 구분 없이 표를 사는 사람까지 짐 검사를 마쳐야 들어갈 수 있었다는 것. 검사 후 베이징 가는 표를 58위안(1만 원)에 사고 나왔는데, 부근에는 공사 중인 곳이 많아 공안(중국 경찰)들이 많았다. 어딜 가나 검사에 사람이 바글바글대는 중국은 참 관리하기 어려운 국가인 듯하다.

중국 편의점

목이 말라 음료수를 사기 위해 편의점에 들어갔다. 마침 눈앞에 콜라가 무려 5종이나 보이는데, 그 중에 다이어트 콜라가 3종이다. 나의 다이어트 콜라 사랑은 또 유별난데, 중국에서 이 콜라를 찾는

구로우(鼓楼)

것은 꼭 쉽지만은 않은 일이다. 이 다이어트라는 개념 자체가 어느 정도 생활 수준이 올라와야 퍼지는 만큼 대도시, 번화가가 아니면 보통 일반 콜라만 파는 경우가 많기 때문이다. 아무튼 나는 한국에서 볼 수 없는 다이어트 콜라인 '지뚜(极度)'를 마셨다. 편의점 내부는 한국의 그것과 크게 다를 바 없는데, 서양이나 일본이 하고 있는 것을 우리와 마찬가지로 그대로 모방해서이지 싶다.

걷다 보니 어느새 이곳 '구로우(鼓楼)' 옛 거리에 도착해 있어서 안으로 발을 들였다. 중국 여행을 하면서 흔하디흔하게 보는 거리인데, 보통 이런 곳이라면 아이들이 좋아할 만한 요란한 장난감, 관광객(내국인 포함)의 시선을 끌 수 있는 옛 느낌이 물씬 풍기는 부채, 도장 등이 있고, 추가적으로 옥이나 기타 희귀 암석으로 조각한 크고 작은 불상 및 도교

구로우 내부 모습

신상들이 많이 취급된다(간식거리 파는 사람들이나 음식점은 당연히
근처에 딸려오게 되는 것이고).

나는 여기서 10위안에 '부처님 손바닥 위의 손오공'을 샀다. 이 부처님
손바닥은 또 내 손바닥 안에 있는 것 아니겠는가?

한 편에는 초상화를 그려 주는 사람이 있는데, 10위안에 5분 완성이라
고 한다. 한국말로도 "5분 안에 그려 드려요."라고 쓰여 있는 것이 인상
적이다.

손바닥 위의 손오공

5분 안에 그려 드려요

구로우를 빠져 나와 거리로 나오는 길에 주걸륜의 콘서트(演唱会) 광고 간판이 보인다. 당시 주걸륜은 자타가 공인하는 중국 최고의 연예인이었는데, 이 최고 타이틀이 벌써 몇 년째 유지되고 있는 건지 모르겠다(어쩌면 3년이 지난 지금도). 고전음악을 전공한 이 아티스트(?)는 음악가이자 작곡가이면서, 연기자이고 감독이다(안 하는 것이 없다). 중국풍이 물씬 풍기는 랩과 힙합 음악을 하고, 우리도 잘 아는 영화인 '말할 수 없는 비밀(不能说的秘密,, 뿌넝슈오더미미)'의 주인공이다. 이 밖에 '황후화(满城尽带黄金甲)', '쿵푸덩크(大灌篮)' 등을 찍기도 하는 등 왕성한 활동량을 가지고 있어서 중국은 물론 홍콩, 대만, 동남아, 한국에 이르기까지 많은 팬들을 확보하고 있는 가수이자 배우다(부러운 재능이다).

다음으로는 난쓰스핀제(南市食品街, 남시식품가)를 방문했다. 1985년 지어진 이곳은 천진에서 꽤 유명한(?) 천진 특산 음식을 파는 시장이다. 중국 고유

남시 식품가(南市食品街)

남시 식품가 내부 모습

의 건축 양식으로 지어져서 약간 성 모양을 하고 있는 것이 특징. 다만 안이 별로 넓지는 않고 십자가 형으로 크로스 구조다. 고부리빠오즈(진 빵~만두), 스빠제마화(꼰 면 튀긴 것), 얼둬엔짜까오(耳朵眼炸糕, 튀긴 팥빵) 등이 눈에 많이 띈다.

스빠제마화(十八街麻花)

스빠제마화(十八街麻花)는 길쭉하게 면을 꼬아 튀긴 것(꽈배기같이)으로, 천진마화(天津麻花)라고도 부른다. 맛은 그닥…, 딱딱하고 텁텁하고 약간 고소하면서 달긴 한데, 강추하기에는 내 양심이 허락하지 않는다. 대신 얼둬엔짜까오(耳朵眼炸糕, 튀긴 팥빵)는 상당히 맛있는데, 이건 천진 특산이라기보다는 한국에서도 파는 그냥 팥빵 같은 느낌이랄까.

나와서 지나가는 길에 까르푸도 보고 월마트도 보고, 초딩들 돌아다니는 것도 보고 하늘에 새가 떼로 돌아 다니는 것도 보았다. 특히 새들이 떼 지어 다니는 것이 신기해서 최대한 줌(zoom)을 하고 이동 예상 지점을 찰칵찰칵 막 찍었는데(돌아다니면서 사진 촬영만 하다 보니 직업병처럼

제갈량 부채, 전형적인 관광객 대상 판매 상품

되었음), 디카에 살짝 에러가 나서 긴장하기도 하다가 오늘 마지막 도착 지인 '구원화제(古文化街, 옛 문화거리)'에 도착했다.

옛 문화거리(古文化街)

붓과 그림

조각상

일단 '구원화제(옛 문화거리)'는 상당히 에스러운 멋이 났다. 아침에 갔던 구로우와는 좀 수준 차이가 있다! 옥으로 된 물건들을 파는 상점과 고전, 중국풍이 물씬 풍기는 그림과 붓, 도자기, 청동상, 조각상(당시 나는 골동품에 대한 지불 용의가 낮고 자금이 없어서 거의 안 샀으나, 다시 간다면 그림 몇 점 정도는 사오고 싶다) 등이 있다.

재활용품을 모으는 남자

강에서 수영을 즐기는 사람들

'옛 문화거리'를 나와 앞에 있는 강의 다리를 건너는데, 재활용 쓰레기를 수거해 가는 한 남자가 보여서 찍었다. 앞에서도 말했던 적이 있는데, 저 빨간 봉투에 담긴 건 재활용 가능한 플라스틱 병들 같은 것이고, 저걸 팔면 약간의 돈이 되어 쓰레기통 뒤지시는 분들이 많이 있다. 조금 안쓰러운 마음과 함께 빈부 격차를 새삼 느꼈다(한국도 마찬가지이긴 하지만). 강의 다른 한 편에서는 수영을 즐기고 있는 사람들도 보였다.

마지막으로 숙소가 가까운 관계로 택시를 타고 복귀하기로 했는데(조금 피곤하다. 살려줘…), 오늘은 택시비에 대해 조금 알아보자.

택시비는 3가지 요소에 영향을 받는다. 즉 각각 '1. 기본료 2. 거리 3.

시간이다. 기본료는 어느 도시를 가

느냐에 따라 다른데, 보통 1~4위안

정도이고(고정), 거리의 경우 km당

1~2위안 정도를 추가하는 것이 일

반적이다. 역시 도시마다 가격이 다

르고, 택시별로 차이가 있다. 참고

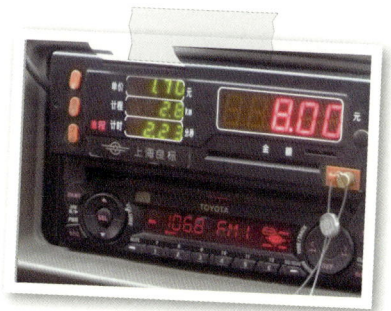

중국 택시 미터기

만 하기 바란다. 시간에 따른 과금은 잘 모르겠다.

집에 들어가는 길에 파인애플 하나를 6위안(1,000원)에 사서 저녁 삼

아 먹었다(파인애플은 보통 현장에서 썰어 달라고 하면 썰어 준다). 오

늘 하루도 이렇게 마감했다. 내일은 북경이다!

## 『포브스』 2013과 세계 속 중국 기업을 알아보자

중국을 선진국이라고 부르지는 않지만 강대국이라는 사실은 대부분 많은 사람들이 인정하는 사실일 것입니다. 『포브스』지가 발표한 '2013년 세계 기업 Top 2000'을 보면, 1등 기업이 중국의 공상은행(ICBC)인데요. 이 은행은 제가 중국 여행을 다닐 때 군자금을 넣어 두었던 은행이기도 합니다. 제 입금액의 1/100을 수수료로 가져갔던 곳이죠. Top 10 중에 중국 기업이 4개나 있고, 그 중 3곳은 은행입니다.

※ 세계 상위 400개 기업 중 한중 기업 (출처 : 『포브스』 http://www.forbes.com)

| 랭킹 | 기업명 | 국적 | 매출액<br>(십억 원) | 영업이익<br>(십억 원) | 자산<br>(십억 원) |
|---|---|---|---|---|---|
| 1 | 공상은행 (금융) | 중국 | 143157 | 40143 | 2987937 |
| 2 | 건설은행 (금융) | 중국 | 120112 | 32497 | 2379942 |
| 8 | 농업은행 (금융) | 중국 | 109386 | 24426 | 225900 |
| 9 | 페트로차이나 (석유&에너지) | 중국 | 328051 | 19434 | 369363 |
| 11 | 중국은행 (금융) | 중국 | 104182 | 23470 | 2159895 |
| 20 | 삼성전자 (전자) | 한국 | 199443 | 23045 | 208470 |

흔히 중국을 제조업 국가라고만 알고 있는데, 중국은 세계적인 은행, 금융 기업도 보유하고 있습니다. 그 중 공상은행, 건설은행, 농업은행은 JP모건이나 뱅크오브아메리카 등도 한 수 접고 들어갈 만큼 거대한 은행들입니다. 물론 중국이 인구가 많아 덩치가 크다 보니 그런 것이죠. 은행의 특징이라면, 예금액들이 고스란히 자산으로 분류되기 때문에 비슷한 순위권 기업에 비해 자산이 높습니다. 참고로 한국의 삼성전자는 2013년 『포브스』 기준 세계 20위에 랭크되어 있는데요. 매출액 기준으로 보면 199조 원으로, 페트로차이나 바로 다음입니다. 다만 영업이익이 다른 은행들보다는 낮고 페트로차이나보다는 높은 편이네요.

| 랭킹 | 기업명 | 국적 | 매출액<br>(십억 원) | 영업이익<br>(십억 원) | 자산<br>(십억 원) |
|---|---|---|---|---|---|
| 26 | 시노펙 (석유&에너지) | 중국 | 437225 | 10726 | 212400 |
| 54 | 교통은행 (금융) | 중국 | 46197 | 9982 | 898876 |
| 83 | 중국평안 (보험&금융) | 중국 | 54268 | 3398 | 484484 |
| 89 | 현대자동차 (자동차) | 한국 | 79650 | 8071 | 121386 |
| 101 | 초상은행 (금융) | 중국 | 30160 | 7752 | 580914 |
| 106 | 중국인수 (보험) | 중국 | 67118 | 1911 | 323485 |
| 107 | 민생은행 (금융) | 중국 | 29629 | 6478 | 547461 |
| 115 | 신화에너지 (석탄&에너지) | 중국 | 42161 | 8177 | 74552 |

시노펙은 9위에 랭크된 페트로차이나와 함께 중국 양대 에너지 기업인데요. 엑손모빌, 로열더치쉘과 더불어 전세계 최대 에너지 기업으로 분류돼 세계 곳곳의 에너지 개발에 참여하여 과감한 투자를 하고 있습니다. 시노펙의 경우 매출액이 437조 원으로 대단히 높아 무려 삼성전자의 2배가 넘고, 엑손모빌과 월마트에 이어 매출액 순위는 3위에 달하고 있네요.

기타 상위 기업으로 교통은행, 중국평안(中國平安), 중국인수(中國人壽) 등 금융~보험 기업들이 다수 포진해 있는데요. 어느 하나 빼놓을 것 없이 중국을 대표할 수 있는 최대 기업들입니다. 중국에서 보험을 든다면 중국평안, 중국인수 브랜드를 보게 될 것이며, 은행을 가면 교통은행, 주유소를 가면 시노펙을 보게 될 것이니까요. 이 밖에 한국의 2위 기업인 현대자동차는 89에 안정적으로 랭크되어 있는 걸 확인할 수 있습니다.

| 랭킹 | 기업명 | 국적 | 매출액 (십억 원) | 영업이익 (십억 원) | 자산 (십억 원) |
|---|---|---|---|---|---|
| 125 | 상해푸동발전은행 (금융) | 중국 | 26975 | 5734 | 535779 |
| 128 | 중신은행 (금융) | 중국 | 25913 | 5203 | 504131 |
| 139 | 중국전신 (통신사) | 중국 | 47684 | 2548 | 92818 |
| 142 | 흥업은행 (금융) | 중국 | 19859 | 4354 | 406002 |
| 167 | 상해기차 (자동차) | 중국 | 79650 | 3504 | 51082 |
| 184 | 포스코 (제철) | 한국 | 60003 | 2336 | 79119 |

앞서 한국 최대 자동차 기업인 현대자동차가 89위였다면, 중국 최대 자동차 기업인 상해기차는 167위에 올라 있습니다. 거대한 국내 내수시장을 배경삼아 해마다 빠른 속도로 성장하고 있기 때문에, 3~4년 정도 지나서 현대자동차를 추월한다고 해도 전혀 이상할 것이 없는 기업으로 주목할 만합니다.

중국전신(中国电信)은 차이나텔레콤이라고 불리는 중국 최대 통신사입니다. 중국이동 (中国移动, 차이나모바일) 등과 함께 중국 이동 통신업을 장악하고 있으며, 한국으로 치면 SKT 정도 되는 느낌이겠습니다.

| 랭킹 | 기업명 | 국적 | 매출액 (십억 원) | 영업이익 (십억 원) | 자산 (십억 원) |
|---|---|---|---|---|---|
| 206 | 중국건축 (건설) | 중국 | 81455 | 2336 | 84853 |
| 226 | 인민보험공사 (보험&금융) | 중국 | 43861 | 1168 | 117351 |
| 240 | 광대은행 (금융) | 중국 | 14337 | 3080 | 292156 |
| 251 | 신한은행 (금융) | 한국 | 17311 | 2230 | 294705 |
| 268 | 기아자동차 (자동차) | 한국 | 44604 | 3611 | 32391 |
| 278 | 현대모비스 (자동차 부품) | 한국 | 30692 | 3505 | 29842 |
| 278 | 태평양 보험 (보험&금융) | 중국 | 28993 | 850 | 116076 |
| 280 | 중국교통건설 (건설) | 중국 | 48533 | 2018 | 73915 |

이제 드디어 건축, 건설 업체들의 이름이 나오기 시작했는데요. 중국이 워낙 넓고 사람이 많다 보니 금융, 에너지 기업들의 힘이 막강합니다. 제조업 국가로만 알려진 것과는 조금 다른 사실이지요. 한국의 금융기업으로는 신한은행이 251위로 처음 순위권에 올라와 있으며, 은행이기 때문에 자산은 294조로 높은 편입니다.

지금까지 중국의 주요 기업에 대해서 알아보았는데요. 자료에서 보다시피 중국은 의외로 금융, 에너지 강국이면서 세계 10위 안의 기업을 4개나 가지고 있습니다.
이를 보면 미국의 중국 위협론이 괜히 나오는 것이 아님을 알 수 있습니다. 권력의 축이 정말로 이동하고 있는 중이니까요.

# 중국의 4대 직할시 중 둘, 북경(北京)

인구 2,019만 명(2011)
지역총생산 17,801억 위안(2012)

〈통계 출처: 『Baidu 백과사전』〉

## 역사 문화

진시황이 중국을 통일한 이후 군사 교통의 중심지로서 계속 역할을 해왔다. 이곳은 연나라와 요나라, 금나라, 원나라, 명나라, 청나라 등의 수도였으며, 금나라 때는 연경(燕京)이라고 불리고 원나라 때는 대도(大都)라고 불렀다. 명대 영락제에 이르러 북경이라는 이름이 처음 쓰였으며, 후통(胡同)과 사합원(四合院), 경극(京剧) 등으로 유명하다.

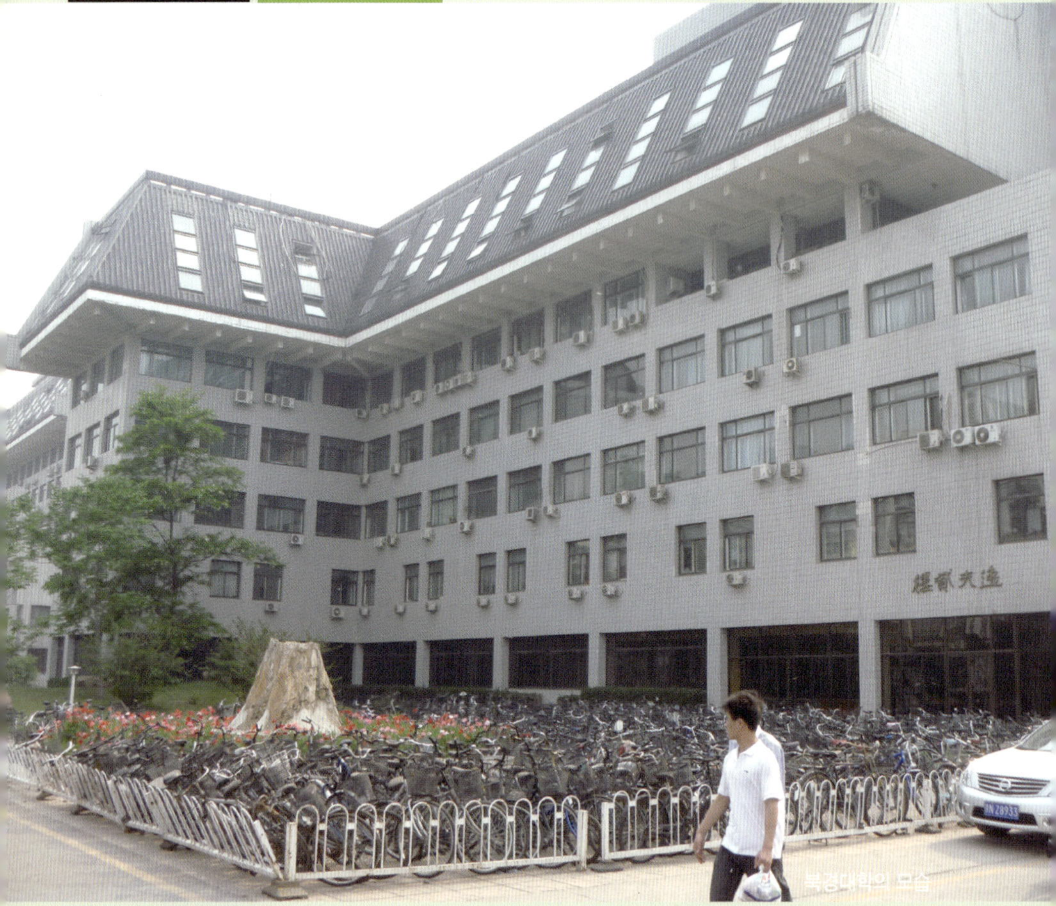

**4대 직할시 북경**
✈ **중국의 두뇌, 북경대와 청화대**

'드디어 베이징(北京, 북경)으로 가는구나.' 중국에서 유일하게 비교적 긴 시간을 보냈던 곳이 북경이었던 관계로 하루 빨리 가고 싶었다. 천진의 숙소를 떠나며 덜 마른 수건과 마지막이자 유일한 긴소매 티셔츠를 버렸다. 날이 점점 뜨거워짐에 따라 긴소매는 더 이상 필요 없을 것 같고(사실은 전혀 그렇지 않다. 여름 여행에도 긴소매는 필수!), 수건은 원래 자주 1회용으로 싸게 샀다가 버리는 전략을 썼다.

중국의 KTX 허셰하오(和谐号)

숙소에서 천진역까지는 대략 도보 15분 거리였기 때문에, 기차 출발 시간이 10시 5분인데도 자신감 충만하게 9시 15분에 나왔다. 그리고는 마지막으로 '따빙지단(짜게 양념한 빵에 계란 넣어서 먹는)'을 입 속에 넣고 즐기며 가는데, 시계를 보니 문득 9시 30분에 다 돼간다. 불안해서 버스를 타고 도착하니 9시 40분. 대합실에 들어가면 별다른 기다림 없이 골인할 수 있는 시간이다.

내가 이번에 타는 기차의 이름은 '허셰하오(和谐号)'. 이는 2007년 4월 18일부터 달리기 시작한 초고속 기차로 300km가 넘게 달리는데, 나로서는 꽤나 충격이었다(한국 KTX와 비슷하다고 생각하시면 되겠음).

항공기 느낌을 주는 내부 모습

내부는 대단히 깔끔하고, 일하시는 분들은 다른 기차와는 완전히 격이 다를 정도로 세련되어 항공기 느낌을 물씬 풍길 정도였다. 중국의 수도 북경과 대도시 천진을 잇는 철도인 만큼 그 상징적인 의미를 고려해 넘치게 자원을 투입하는 것이 틀림이 없다. 특등실도 별도로 운영되고 있었고, 최고 333km까지 올라갔다. 일반적으로 300~330km를 오가면서 가며, 진짜 빨라서 10시 5분에 출발했는데 10시 34분에 도착했다. 30분도 안 되어 도착한 셈인데, 모두 분위기가 '어, 벌써 도착했네?' 하는 듯.

북경역에 도착하여 역을 나오는데, 다른 역과는 다른 것이, 검표원이 일일이 하나하나 수작업으로 표를 확인, 수거하는 방식이 아니라, 기계에 기차표를 넣으면 문이 열리고 앞에서 나오는 방식으로 되어 있었다(한국 전철처럼). 어떻게 보면 당연히 있어야 할 그런 것이지만, 일반적으로 중국 기차역은 검표원이 수작업으로 보거나 아예 이 과정이 생략되어 있거나 둘 중 하나이니까 분명한 차이다(중국 기차역의 미래 지향점을 보여주고 있었음).

이곳이 바로 북경이다

기차역에서 나와 조금 막막하게 걷고 걸었다. '날씨는 덥고 나는 누구? 어디로 가야 하나?' 땀이 등을 완전히 적셔 가고 있어서 짐이 한층 더 무겁게 느껴졌다. 북경에는 며칠 묵을 예정이라 최대한 싼 곳을 찾아야 하는데, 가격대가 맞질 않아 쉽게 숙소를 잡을 수가 없네.

이곳 북경 거리에는 하얀 씨앗(?) 이 유난히도 하루 종일 날아다녀 엄청 걸리적거렸는데, 한 동네 청년이 라이터로 태우고 다니면서 히히거리는 모습을 보자니 나도 모르게 입가에 미소가 지어졌다. 아무튼 한참을 돌아다녔는데 가격이 맘에 안 들거나 화장실이 방 안에 없거나 뭐, 다 그런 식이다. 일단 여기는 자리가 아닌 것 같았다. 허망하게 흘린 내 땀이여! 시간이 아까워 근처 숙소 아무 곳이나 들어가 120위안에 하루 계약하고 보증금 10위안을 낸 뒤(보증금은 방을 나갈 때 돌려줌), 짐을 내려놓고 바로 나왔다.

웬 하얀 씨앗?

도시 공기가 좋지 않아 땅의 모래, 먼지를 청소하는 차량이 정기 운행된다

번잡한 거리의 모습

숙소를 나오니 눈앞에 '쭝구어요 우쩡(中国邮政)'이 보인다. 한국말로 하면 '중국 우체국' 정도로 부를 수 있을 것이다(영문명 CHINA POST). 중국우정(中国邮政)은 우체국 역할

쭝구어요우쩡(中国邮政). 중국의 우체국이다

을 수행하는 곳으로 세계에서 가장 많은 지점을 가지고 있는데, 다 합쳐서 21만 개 정도라고 한다. 중국 형님들의 규모 등급이 느껴지는가? '중국 우체국'이 수행하는 업무로는 편지 발송, 발간물 중개, 우표 판매, 소포 발송, 속달, 금융(저금-대출 등) 등이 있는데, 오늘 나의 미션은 '손오공 한국으로 보내기'이다. 나는 한국으로 소포를 발송하기로 했다.

우체국이지만 예금, 대출의 업무도 수행하고 있다

한국으로 소포를 보내자!

여기서 배운 한 가지! 줄을 무턱대고 서지 말 것. '쭝구어요우쩡'은 우체국이지만 은행 업무도 수행한다. 이 줄은 모두 예금 및 대출을 위해 서 있었던 줄이고, 나처럼 소포를 보내러 온 사람은 옆에 아무도 없는 줄로 가면 된다. OH, NICE~! 나는 우표/편지/속달 등의 업무를 수행하는 창구를 통해 지금까지 설문조사했던 A4용지 90장과 (양면) 부처님 손바닥 위의 손오공을 한국에 있는 집으로 부쳤다.

배로 부치려니까 42위안(7,000원)으로 비교적 싸긴 한데 2달 정도 걸릴 수 있다고 한다. '헐…, 2달?'이지만 그냥 경험 삼아 부치기로 했다.

이것이 바로 쫑즈(粽子)

그리고 나와 가벼운 마음으로 쫑즈(粽子)를 사서 먹었다. 이 쫑즈라는 것은 한국에도 많이 알려진 중국 전통음식인데, 단오절에 얽힌 사연으로 유명하다. 아무튼 '굴원(屈原)'이라는 사람을 기리기 위해 대나무 통에 밥을 담아 강에 던졌다는 데서 유래한 이 음식의 중요한 점은 다음과 같다. '속에 뭐가 들어가는지 잘 알아보고 사먹어야 한다'. 안에 무엇이 들어갔느냐에 따라 쓰레기도 될 수 있고 맛있는 한 끼 식사 혹은 간식이 될 수도 있으니까. 지금 내가 먹고 있는 것은 팥이 들어가서 달고 맛있지만, 어떤 건 그냥 짜기만 하고 또 알 수 없는 맛을 내는 경우도 있었다. 중국에서 이 음식을 먹게 된다면 팥이나 무난한 걸 넣은 쫑즈를 골라서 드시길 바란다(가격은 보통 개당 200~500원 수준).

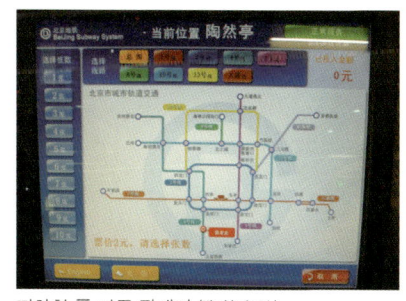

지하철 표 자동 판매기 (陶然亭站)

오늘 갈 곳은 중국의 두뇌들이 모이는 북경(北京)대학과 청화(清华)대학이다. 북경은 대중교통이 크게 발달했는데, 특히 최근 지하철의 발전이 눈에 띄었다. 2005년까지만 해도 노선이 2개 정도밖에 없었던 것으로 기억하는데, 지금은 사방팔방으로 뚫려 있어, 서울만큼은 아니어도 원하는 목적지 근처로 가는 데 어려움이 없다(참고로 첫 차가 아침 5시, 막차가 23시였음). 표는 창구에서 직접 사거나 자동 판매기로 사면 되는데, 나는 노선을 좀 살펴보기 위해 자동 판매기로 갔다. 일단 거리에 따른 가격을 보려고 제일 먼 곳을 눌러 봤는데 2위안, 가까운 곳을 눌러도 또 2위안이다. 아! 그냥 장당 2위안이구나. 대공산당 간부들이 불쌍한 백성들을 어여삐 여겨 버스비, 전철비를 제한하고 있음이 틀림없다.

나는 북경대로 가기 위해 4호선 북경대동문(北京大学东门) 역을 눌러 표를 뽑았다. 4호선에는 '중관춘'(中关村, 영화관 및 전자 상가가 즐비한 곳으로 부근에 북경대, 청화대가 있다)을 비롯해 인민대학, 시즈먼(西直门), 시단(西单) 등 유명한 장소가

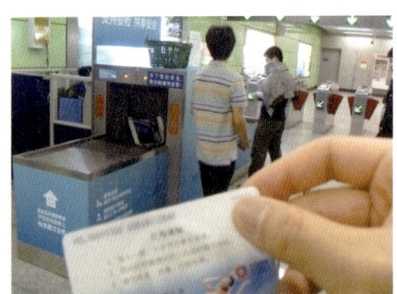
표=카드, 들어갈 때=짐 검사

많이 포함되어 있다.

이제 표를 넣고 들어가면 되는데, 이곳 북경은 지하철도 짐 검사가 필수였다. 뭔가 너무 형식적으로만 하는 것 같은 느낌은 지울 수

지하철 내부

없지만, 아무튼 짐은 꼭 검사대를 통
과해야 한다.

　나는 곧 북경대학에 도착했다. 동문
을 통해 들어가니 중국 최고 학부답게 매우 장관이었다. 특히 중국 건
축 양식으로 멋드러지게 지은 건물들이 인상적이었다. 다만 수도 한복
판에 위치해 있는 만큼 규모가 아주 아주 큰 편은 아니었다(그래도 한

중국인들에게 있어서 농구란?

와, 자전거는 빼놓을 수가 없다.

북경대학의 모습

이곳이 정녕 대학이란 말인가?

참관객들의 모습을 보며 관광 명소 같은 느낌을
받았다

국 서울에 위치한 여느 대학보다도 작지는 않을 듯).

동문으로 들어와 서문으로 가는데 점점 학교인지 공원인지 구분이 안 갈 정도였다. 호수도 예쁘다. 돌아다니면서 대략적인 구도를 살펴보니, 서문은 공원, 동문은 강의실 등의 대학 건물, 남문은 숙소 위주로 되어 있는 듯했다. 안 다녀 봐서 정확히는 모르겠으나 관광객들이 유별나게 많이 보이는 학교였다. 중국의 두뇌이자 14억 중국인들이 가고 싶어 하는 대학인 만큼 특별할 수밖에 없겠지.

숙소가 많은 남문 쪽으로 가서 설문조사지를 60장 인쇄했다. 북

북경대학에서 진행한 설문조사

경대, 청화대 둘 다 예정 장소인데, 오늘도 학생들이 민감한 문제들에 어떻게 답변해 줄지 참 기대가 된다. 〈설문 결과는 학습5에서 공유〉

설문 도중 한 북경대 여학생은 질문지에서 나의 문화적 편견이 느껴진다며 내게 항의하기도 했다. '중국에서 정치에 대해 이야기하는 것이 적절한가?' '국가 지도자를 감히 욕할 수 있는가?' 등의 문제지가 매우 거슬렸던 것 같다.

설문을 마치고 북경대를 나오며 나는 더위를 달래기 위해 아이스크림 하나를 사먹었다. 사고 보니 그 유명한 '이리(伊利)' 브랜드 아이스크림이었다. '이리'는 중국 대표 브랜드 중 하나로 우유, 아이스크림, 요거트, 분유, 생우유 등을 판매하는 회사다. 2008년 멜라민 파동으로 명성에 큰 타격을 입기도 했었다.

이리(伊利)의 아이스크림

아이스크림을 빨며 청화대로 향하는 버스를 기다리는데, 앞에 버스 2대를 이어 놓은 듯한 버스가 지나갔다. '이건 대체 버스야, 기차야?' 참고로 북경의 많은 버스들은 앞에서 돈을 받는 것이 아니라 중간으로 들어가서 매표원에게 표를 사는 방식인데, 아마도

버스야, 기차야?

일손이 남아돌아서 그러는 것 같다. 가격은 거리에 관계없이 1위안(175원)밖에 안 한다.

중국식 햄버거 로우찌아모어(肉夹馍)

청화대 부근에 도착했는데, 아이스크림을 먹고 나니 배가 더 고파져서 길거리에서 중국식 햄버거를 사먹었다. 중국식 햄버거는 '로우찌아모어(肉夹馍)'라고 읽는데 이름의 의미를 풀면, '고기가(肉) 끼어 있다 (夹) 빵(馍) 속에'라는 뜻이다. 그러니까 햄버거랑 거의 대등한 중국 서북지방 샨시(陝西, 섬서)성 및 닝샤(宁夏), 영하 음식이다. 나중에 해당 지역에 가면 또 먹게 될 것 같은 느낌이 들지만, 배가 고파 여기서 먼저 한 입 하지 않을 수 없다. 이게 다 아이스크림을 먹은 탓이 아닌가? 맛은 단맛을 뺀 짠 햄버거 정도라고 말할 수 있겠네.

중국식 햄버거를 먹은 뒤 청화대 서문 쪽에서 자전거를 빌렸는데(出租自行车), 100위안(17,500원)이 보증금이고 실제 이용료가 10위안(1,750

원)이다. 보증금은 높지만 실제 이용료는 2천 원도 안 하는 셈이다. 이용은 오후 10시까지 가능하며, 비용 지불 뒤 전화번호만 적어 주면 OKAY~! 나는 파란 자전거를 골라 청화대 안으로 들어갔다.

청화대에는 가이드를 둔 패키지 관광객들이 많았다

북경대와는 또 다른 멋이 있다

청화대 유학을 고려해 보자

이곳 청화대는 북경대에 비해 면적이 훨씬 더 넓은 것 같았다. 기도 가도 끝없는 것이 정말 하나의 마을 그 자체다. 날이 어두워질까봐 무서워 신속히 이동하고 있는데, 들어가는 길에 패키지로 온 관광객 팀을 2개나 봤다. 정말 대단한 학교랄까.

공청단 마크

지나가다가 공청단 건물을 보았다. 공청단(共靑團)은 공산주의청년단의 약자로 중국 공산당이 영도하는 청년 조직이다. 이들은 마르크스주의, 마오쩌둥주의, 덩샤오핑주의를 공부하면서 현대화 사회에서 공산당이 어떤 역할을 해야 하고, 어떻게 해야 공산당을 유지시킬 수 있을지 연구하며 중국 내에서 세력이 상당하다. 흔히 '퇀파이(團派)'라고 불

청화대 추가 샷

리며, 이들 출신들이 정치계 요직을 장악했었기 때문이다. 중국 전 주석이었던 후진타오(胡錦濤)가 공청단 출신이었고, 현 중국 총리인 리커창(李克强)이 이곳 출신이다.

나는 자전거를 타고 돌아다니다가 사람이 많이 드나드는 식당 앞에 자리잡고 설문조사를 한 뒤 숙소로 돌아갔다. 저녁 시간이 됨에 따라 주변은 또 한참 열이 올라 있었다. 그렇다. 그들의 밤문화가 다시 시작되고 있었던 것이다. 보통 양꼬치+야채+맥주를 먹고 마시는 것이 이들의 아름다운(?) 밤 문화인데, 다음 날 보면 쓰레기가 장난 아니라는 점이 역시 앞에서 지적했던 문제점이 되겠다. 많은 일들이 있었던(?) 하루를 위로하며 저녁으로 칭찌아오로쓰(青椒肉丝)라는, 피망에 고기 길쭉하게 썬 것으로 만든 덮밥을 먹었는데 맛있다. 내 입맛에 딱 맞는다. 내일은 또 어떤 모험이 기다리고 있을까? 북경의 첫 날은 여기까지~!

자금성(紫禁城) 정문

**4대 직할시 북경**
✈ 중국 교회와 천안문 구경

오늘은 일요일, 중국 교회를 방문할 생각이다. 목적지는 충원먼(崇文门) 부근에 있는 한 교회! 아침 겸 점심으로 홍샤오니뤄멘(红烧牛肉面)을 먹었다. 홍샤오니뤄멘을 한국말로 풀면 빨간 국물 우육면, 혹은 얼

큰 소고기면 정도가 된다. '홍샤오(红烧)'는 중국 요리에서 자주 등장하는 단어로 '간장을 넣어 빨간색을 띠게 한 것'을 말하는데, 보통 얼큰한 맛을 기대할 수 있다. 참고로 면에서 가끔 동그

홍샤오니뤄멘(红烧牛肉面)과 화쟈오(花椒)

란 갈색 씨앗이 나왔는데, 이것은 화쟈오(花椒, 산초)로서 씹으면 혀가 마비될 정도로 시고 쓰리다. 역시 중국 음식에서 자주 볼 수 있고, 생각만 해도 입에 침이 고이는 식재료이다.

우육면을 먹고 나와 버스를 타는데 두 번 놀랐다. 버스 기다릴 때 줄을 서서 기다리고, 버스 안에서는 노인에게 자리 양보까지 하는 모습을 보았기 때문이다. '先让一部分人富起来!' 먼저 발전의 혜택을 본 북경 사람들이라서 그럴까? 여유가 있고 선진적 시민의식도 어느정도 보여 주었다(물론 나쁜 점을 보려면 또 끝이 없겠지만).

줄 서는 중국인

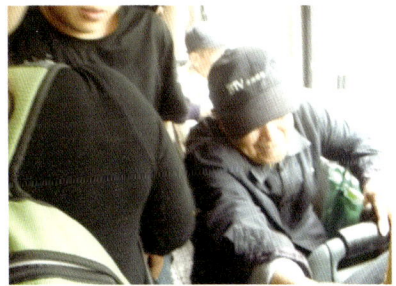

자리 양보하는 중국인

충원먼    회 안

걷고 걸어 드디어 교회 부근까지 왔
다. 부근에서는 사람이 끊임없이 쏟
아져 나오고 있었다. 12시 정도 되
다 보니 예배가 끝나고 다들 밥 먹
으러 가는 것 같았다. 나는 사람이

교회에서 나오는 인파가 굉장하다

이렇게 많다는 것에 대단한 상식적 쇼크를 받았다(이들 대부분은 한
족). '흔히 중국 하면 종교를 탄압하고 신을 믿지 않는 나라'라고만 생각
했는데 내 편견이었나 보다.

이곳 '충원먼탕(崇文门堂, 숭문문 교회)'은 북경에서 설립된 최초의 교
회로 1870년부터 역사가 시작되
었다고 한다. 약간의 관광 명소
적 요소로 인해 나처럼 사진 찍
는 사람도 가끔 볼 수 있었다.

성경책은 교회나 종교 서점에서만 판매한다

상황을 파악해 보니 일단 오전 예배는 끝났고, 오후 1시부터는 조선족 예배가 있다고 한다. 현재 시각 12시 30분. 30분 정도 남아 조금 기다렸다가 예배당에 들어가기로 하고, 주변을 둘러보았다. 교회 한 편에는 성경책을 파는 곳이 마련되어 있어 많은 사람들이 줄을 서서 구매 중이었다(참고로 일반 서점에서는 성경책 같은 종교 서적을 취급하지 않는다). 여기서 나도 성경책을 하나 샀다. 원래 있던 것보다 더 작고 보관하기 좋게 되어 있어서 35위안(6,000원)에 구입!

나와서 다시 둘러보다가 정보를 조금 수집할 겸하여 사무실에 들어가 이곳 숭문문 교회의 전도사님(?)과 조금 이야기를 나누어 보았다. 큰 내용이라기보다는 대체로 알고 있던 내용을 좀 더 확인한 차원이었는데, 다음과 같은 것들이다. 즉 중국 교회가 정부로부터 받고 있는 제약은 사실상 없으나, 공개적으로 전도하는 것은 용납 받지 못하고 있다는 것. 다만 개인적인 관계를 통해 전도하는 것은 상관없다고 한다. 또한 현재 북경 시내에는 8개의 교회가 있으며, 해당 교회에는 4,000~5,000명의 한족과 조선족 400~500명이 예배를 드리러 온다고 한다(규모가 대단히 큰 교회임을 알 수 있었음).

교회 내부 모습

오후 1시부터 시작되는 조선족 예배 전, 앞에서 주보 등을 나눠주시는 분들과 이런저런 이야기를 나눴다. 그 중 재미있었던 것이, 조선족들이 한족과 같이 예배를 안 드리는 이유 가운데 중요한 것은 중국어 실력 차이 때문이라는 것이다. 이를 통해 중국어를 한족만큼 구사하지 못하는 조선족들이 상당히 있음을 알 수 있었다. 또한 조선족이 한족 교회에서도 따로 예배 드리는 것을 보면, 조선족과 한족의 융합이 원활하지 않다는 것도 어느 정도 예측해 볼 수 있는 부분이다.

예배의 진행 순서는 한국과 별반 다를 게 없었다. 찬양 역시 한국 교회에서 유행하고 있는 상당히 익숙한 것들이다. 목사님이 설교를 시작할 때 즈음하여 밖으로 나왔는데, 사람은 대략 90명 정도 있었던 것 같다. 오후 7시에 한족 예배가 있다고 하여 다시 올 계획이다.

둥팡신톈띠(东方新天地), 쇼핑 천국 동방신천지

동방신천지 내부

북경의 지하도 길에는 항상 자전거를 위한 평평한 부분이 있다

다음으로 향한 곳은 북경에 있었던 사람이라면 한 번쯤은 들어 봤음 직한 '둥황신텐띠(东方新天地, 동방신천지)'다. 나는 이 북경의 쇼핑 명소 안으로 들어가 보았다.

이곳에는 고급 시계, 목걸이 판매점과 더불어 나이키 등 해외 고급 매장들이 다수 입점해 있었는데, 내가 좋아하는 일본 소고기 덮밥집 '지예찌아(吉野家)'와 미스터피자도 눈에 띄었다. 그리고 역시 동방신천지 일대는 땅값이 비싸서 그런지 아이스크림들이 다 20위안(3,500원)을 훌쩍 넘었다. 보통 10위안만 넘어도 비싸서 잘 안 먹는데….

톈푸밍차(天福茗茶) 간판도 보였는데, 이곳은 1993년부터 역사가 시작된 중국 차 전문 판매점으로, 찻잎을 직접 생산하고 제작하여 판매할 뿐만 아니라 이를 연구하는 전문화 종합 차 판매 기

톈푸밍차(天福茗茶)

업이다. 현재 중국에 1,000개도 넘는 직영점이 있다고 한다. 개인적으로는 전형적인 고가 마케팅 같아서 비추천을 누르고 싶다. 나 같은 짠돌이에게 고급 찻잎은 지나치게 호사스러운 것이다.

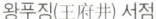

왕푸징(王府井) 서점

서점 안 모습

1 왕푸징 먹거리길(王府井小吃街)
2 다양한 꼬치들

밖으로 나와 이번에는 왕푸징(王府井) 서점에 들어갔다. 우리나라 교보문고와 크게 다를 것이 없었다. 다시 밖으로 나와 조금 앞으로 가면 나오는 왕푸징 먹거리길(王府井小吃街)로 갔다.

이곳은 그야말로 인산인해를 이루고 있었다(바글대는 곳이면 꼭 소매치기 조심). 이런 곳이면 빠질 수 없는 것이 '야자, 과일사탕 꼬치(冰糖葫芦), 이 밖에 각종 꼬치류' 아니겠는가? 다만 이곳이 유명한 것은 아래와 같이 매우 특수한 꼬치들을 팔고 있기 때문이다.

불가사리 꼬치(20위안), 아랍식 꼬치(5위안, 아마도 양꼬치 같은 것으로 보임), 매미 꼬치(15위안), 해마 꼬치(15위안), 그리고 대망의 전갈 꼬치(20위안) 등이 눈에 띈다. 일부 정상적인 꼬치구이들도 많이 보이지만 매미나 해마, 전갈 등은 도저히 먹기는커녕 직시하기도 어렵지 않겠는가? 나는 갈증 해소를 위해 야자를 10위안에 구입하여(매우 비싸게) 먹고 떠났다. 다만 먹으면서 가는데 이 맛은 뭐랄까, 우유를 약간 달게

끊임없이 이어지는 대형 상가와 백화점 행렬

하다 말고 떫은맛을 추가한 정도라고 해야 될 것 같다(역시 야자는 열대 지방에서 신선하게 먹어야 제 맛). 아, 그리고 전갈 꼬치의 묘미는 진열 목적으로 전시해 둔 전갈 꼬치의 전갈들이 살아 있다는 점이다. 바람 한 번 불면 다들 꼬리 흔들고 난리 치는데 내 몸에 뭐가 붙는 느낌이다. 끔찍한 광경을 연출한다. 하지만 오해해서는 안 될 것이, 중국인들이 이런 걸 일상적으로 먹는 것은 아니라는 것이다. 왕푸징 같은 곳에서만 팔고 먹는다고 생각하는 것이 중국인과의 불필요한 오해를 제거하게 되겠음!

다시 나와서 계속 가는데 수많은 가게와 점포, 대형 상가들이 끊임없이 이어신다. 도중에 반가운 얼굴인 KFC가 보인다. 이곳은 정말 내게 소중한 곳이다. 중국에서 가장 깨끗한 수준의 화장실을 90% 이상

뻥탕후루(冰糖葫芦), 과일사탕 꼬치

의 확률로 보유하고 있는 화장실 체인점이기 때문이다.

이번엔 과일사탕 꼬치 '삥탕후루(冰糖葫芦)'를 하나 사먹었다. 탕후루는 중국에 놀러 온 외국인들에게 크게 사랑받는 간식거리로, 과일을 나무 꼬치에 박은 다음, 맥아당을 묻힌 뒤 굳혀서 만든다(만들기 참 쉽죠잉?). 생각만 해도 입에 침이 도는 간식거리다.

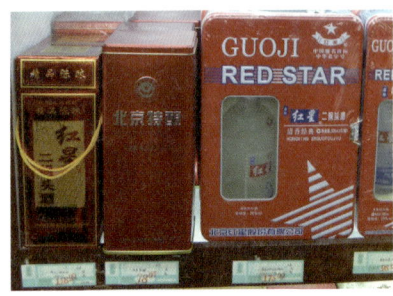
삥탕후루(冰糖葫芦), 과일사탕 꼬치

뉴란샨(牛栏山) 등 고급 중국 술

앞서 마트에 가면 5~20위안으로 중국 술들을 얼마든지 살 수 있었지만(대략 한국 돈 1,000~5,000원이면 술을 거나하게 마실 수 있다), 중국 술 값은 브랜드 및 가공 기술에 따라 천차만별이다. 흔히 우리가 아는 이과두(二锅头) 주만 해도 베이징얼궈토우(北京二锅头, 북경이과두)가 468위안(82,000원), 뉴란샨(牛栏山二锅头)이 288위안(50,000원), 홍씽(红星)이 45~326위안으로 가격이 한국에서 파는 비싼 양주 저리 가라다. 이 밖에 중국 백주(白酒), 흔히 고량주나 빼갈로 불리는 술 같은 경우에는 고급으로 가면 더 비싼 편인데, 구오찌아오(国窖) 브랜드는 625위안, 마오타이(茅台)가 780위안, 우량예(五粮液)가 568위안, 수정방(水井坊)이 600위안으로 가격이 각각 10만 원을 넘는다.

천안문 광장과 모택동

다음으로 중국의 고궁, 자금성(紫禁城)을 방문했다. 정확히는 정문(牛門)까지만 왔는데, 내부 모습이야 워낙에 잘 알려져서(?) 나는 굳이 일일이 들어가지는 않았다. 이곳이 바로 황제가 조서를 반포했던 곳이라고 한다.

고궁을 나오면 바로 앞에 톈안먼(天安門, 천안문)이 있는데, 중앙에 붙은 마오쩌둥(毛泽东, 모택동) 님의 초상화가 대단히 불균형스러운 것이 특징이라면 특징이다. 주변과 조화가 정말 안 된다(섬벽에는 또 '인민대난설만세'라고 쓰여 있다). 알다시피 모택동(마오쩌둥)은 현재 공산당이 지배하는 중국을 세운 사람으로, 조선왕조로 치면 이성계 같은 사람이 되겠다. 중국 현대사는 모택동 하나면 정리가 가능할 정도로(학습2 참조) 파워와 영향력이 아주 막강했던 사람이다.

무장 경찰과 공안의 행렬

부근에는 중국 무장 경찰들이 양렬로 배열해 있었는데, 가운데 사복을 입은 사람들이 있어 일부는 시민으로 변장해 감시하고 있다는 점을 알려주고 있었다. 다시 이야기하지만 제복 입은 사람들은 위협적으로 보여도 별로 안 무서운 사람들이다. 내가 알짱거리고 사진 찍어도 아무도 뭐라고 하지 않는다. 그리고 이 사람들이 있어서 안전하게 지낼 수 있는 거니까 고맙게 생각해야 할 듯.

인민영웅 기념비

천안문 맞은편에는 중국 국기와 인민영웅 기념비, 인민대회당, 중국 국가 박물관이 있다. 어느 하나 현재의 중국을 상징하지 않는 것이 없다.

이제 천안문 산책은 끝냈고, 부근에 있는 취안쥐더(全聚德) 북경 오리 전문집만 가면 된

모택동 박물관

인민대회당

취안쥐더(全聚德)

다. 인근의 식당을 방문했는데, 대단히 휘황찬란하고 고급스러워서 가격이 부담될 것 같아 지레 겁을 먹었으나, 메뉴판의 북경 오리 가격은 그렇게까지 비싸지는 않았다. 1마리에 188위안(좀더 고급으로 만든 건 218위안), 대략 3만 원 정도다. 배고플 때 오면 큰맘 먹고 먹을 만하겠으나, 당시 나는 배가 고프지 않아서 북경 오리는 나중에 먹고 다른 것을 주문하기로 했다. 기억에 남는 점으로는 이곳 주류 가격이 후덜덜했다는 것. 마오타이(茅台) 53도짜리 가격이 500ml에 약 1,200위안(20만

엔수에이야깐(盐水鸭肝). 소금에 절인 오리 간

원 가량)이나 했다. 마오타이는 구이저우(貴州) 성 마오타이(茅台) 지역에서 만들어지는 술로, 스코틀랜드의 위스키와 프랑스 브랜디와 함께 3대 증류수로 불려진다나 뭐라나. 아무튼 뭐, 고량주(白酒)의 일종인데 가격이 대단히 비싼 것은 확실.

이곳에서 큰 충격을 받았던 것은 음식을 시키면 총액의 10%를 서비스비로 더 내야 한다는 점이었다. 이 무슨 도둑(?) 같은 서양의 문화를 어

북경의 번화가 시단

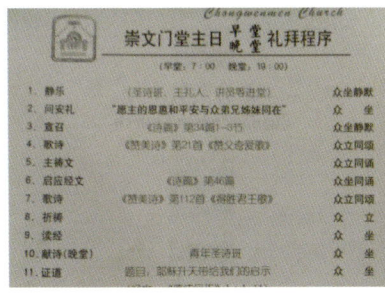

중국어 주보                                교회 내부

설프게 도입한 중국 전통식당이란 말인가! 음, 가난했던 나는 25위안짜리 엔수에이야깐(盐水鸭肝)과 5위안짜리 아몬드 맛 음료를 시켰으니까, 30위안에 서비스비 3위안을 추가해 33위안을 내야 했다(엔수에이야깐(盐水鸭肝)은 소금물(盐水, 엔수에이)에 절인 오이(鸭)의 간(肝)을 의미). 밥을 먹고 나왔는데 7시까지는 시간 여유가 있어서 북경의 번화가 시단(西单)을 방문해 조금 둘러보았다.

시단을 둘러본 뒤 다시 교회로 돌아온 시각은 오후 6시 50분 정도. 한족들 교회는 처음이라 기대가 된다.

주보에 쓰여 있는 예배 순서를 간단히 소개하면 아래와 같다.

1. 성가대 합창(圣诗班)
2. 성도 간 서로 안부를 전함(서로에게 평안을 기원)
3. 시편 34편 1~3절
4. 찬양(중국은 시라고 표현)

5. 주기도문 낭송(워먼짜이톈샹터푸)

6. 성경 교독

7. 찬양

8. 기도

9. 성경 읽기

10. 성가대 합창(시라고 표현)

11. 설교('예수의 승천이 우리에게 주는 가르침')

12. 주간 보고

13. 서로의 평안을 기원

14. 찬양

15. 목사 축복

16. 아멘송(폐회를 알림)

음, 우리랑 개념이 조금 다른 부분이 있긴 하지만, 대체적으로 상당히 비슷하고 목사님이 하는 말들도 성경에서 근거해서 하는 것이 한국과 크게 다를 바 없었다.

이 날 하루는 교회로 시작해서 교회로 끝이 났는데, 중간중간 수확이 많았던 하루였다. 기억나는 점이라면, '1) 조선족과 한족의 예배가 구분되어 있는 경우가 많다. 2) 북경의 번화가는 생각보다 훨씬 발전해 있다. 3) 중국 교회의 수준이 생각보다 높다. 예배 수순도 한국과 비슷하다. 4) 야자 열매는 달지 않다. 5)전갈을 먹는 것은 상상하기 어렵다.' 정도가 되겠다.

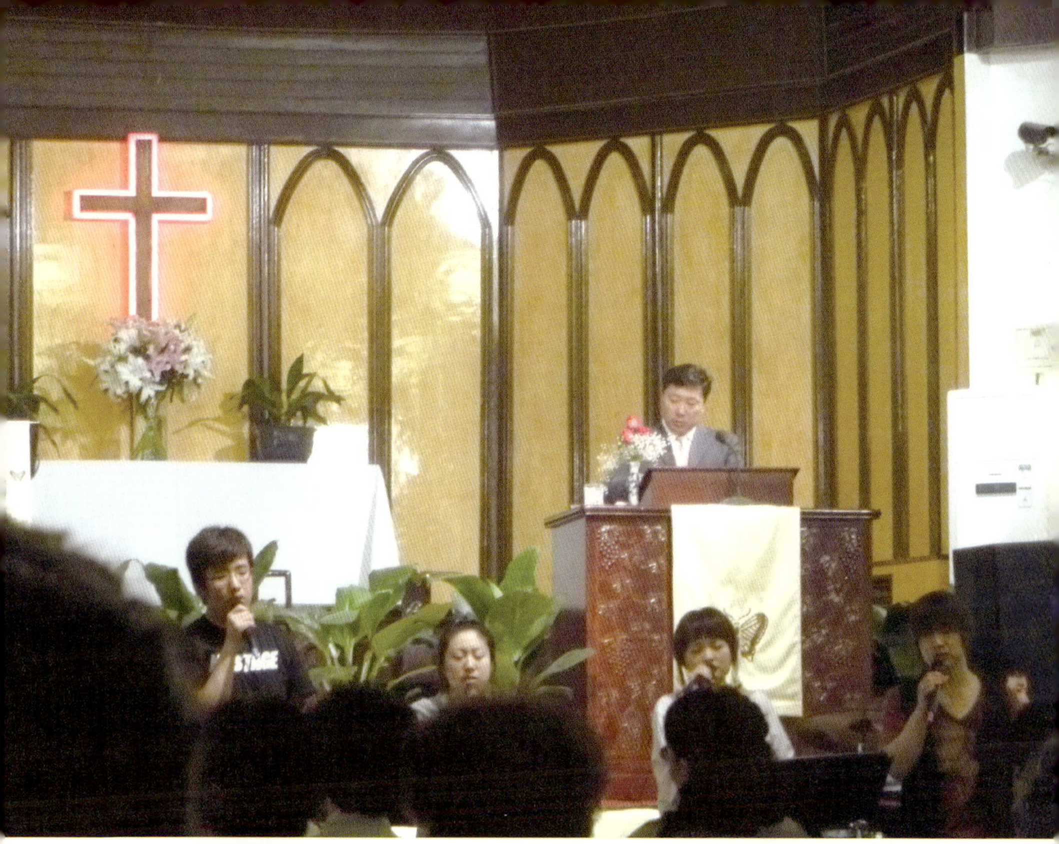

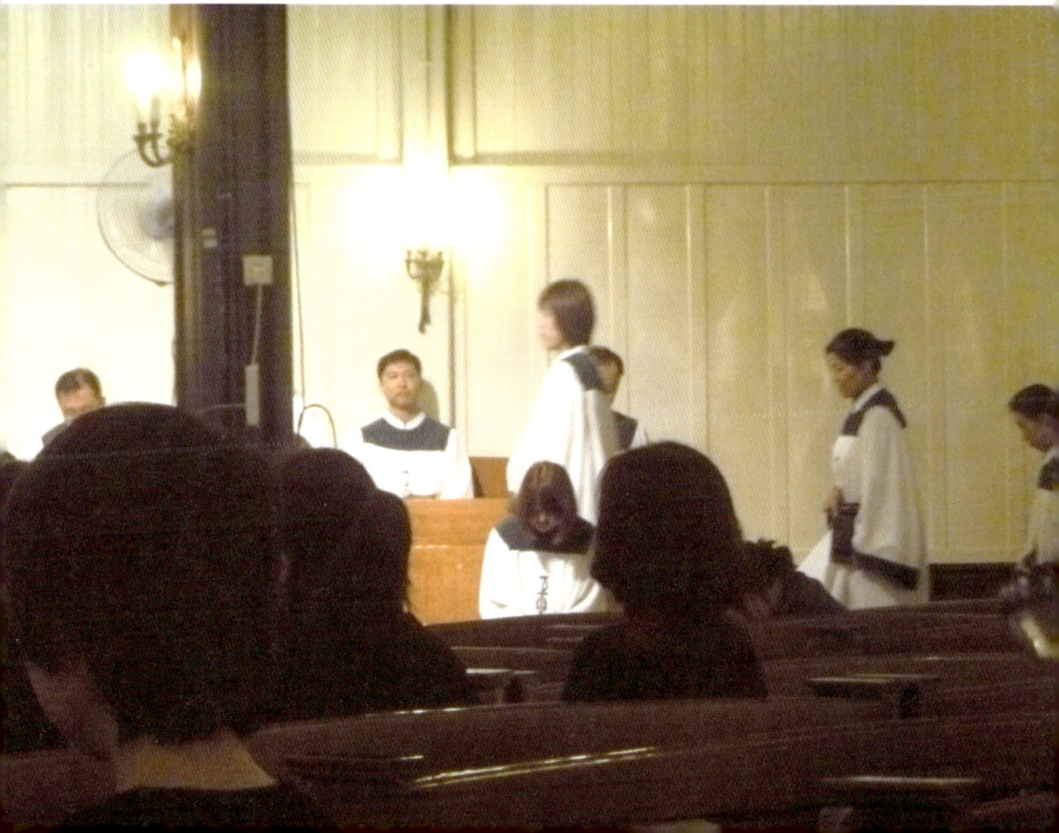

북경역

**4대 직할시 북경**
✈ **싼리툰은 이태원, 왕징은 코리안타운**

오늘은 북경의 한인촌 왕징(望京)과 중국의 이태원 싼리툰(三里屯)을
갈 생각이다. 우선 오랜 만에(?) 옷을 제대로 빨기 위해 세탁소를 방문
하여 옷가지를 맡기고 중국 우체국(中国邮政)의 ATM에서 500위안(10

만 원)을 찾아 내 방식대로 돈을 접어 한 장씩 꺼낼 수 있도록 보관해 두었다. 그리고 아침으로는 조선냉면을 먹었는데, 한국 냉면 특유의 씹을 때 느껴지는 반동과 탄력이 없어 밋밋했다.

돈을 접어서 주머니에 넣은 뒤 한 장씩 꺼내 사용했다

이 날 가장 먼저 한 일은 지하철을 타고 북경역(기차역)으로 가서 19일 하북성 석가장으로 가는 표를 구입한 것이다. 위풍당당한 기차역 건물 안으로 들어가 표를 사려고 기다리는데, 앞쪽 창구에서 줄이 도무지 줄어들질 않는다. 무슨 일이라도 있는지 궁금하여 흘깃흘깃 앞을 쳐다봤는데, '이 사람들이…' 계속 요것 조것 따지고 물으면서 안 가는 것이다. 아니 표가 없다는데 뭘 어쩌겠다는 건지. 민폐는 안 끼치고 살아야 한다는 생각을 다시 하며 한 시간 가까이 기다려 표를 겨우 사서 나왔다. 다음으로는 중국의 이태원 '싼리툰(三里屯)' 부근으로 가기 위해 지하철을 타고 뚱즈먼(东直门) 역으로 가려 했으나 이런, 지하철 입구에서 짐 검사를 하는 것인지, 지하철에 들어가는 데만 한 세월이겠다. 기차표를 사기 위해 이미 오랜 시간을 기다려 왔던 터라 성격이 급한 나는 더 이상 기다리기보다 움직이기를 택했다. 갈 수 있을지 없을지는 잘 모르겠지만, 그냥 걸어서 부근까지 가기로 하고 길을 나섰다. 도시와 거리 모습을 보며 그냥 걸었다.

뚱즈먼은 상당히 멀다. 북경역 다음 정거장인 숭문문(崇文门) 역까지만 이동하고 지하철을 탔다. 오늘도 갈 길이 멀다. 간략히 정리하면 뚱즈먼

전선에 연결되어 있는 버스들이 흥미롭다

(东直门)→싼리툰(三里屯)→왕징 (望京) 순이 되겠고, 6~7시가 되면 날이 어두워지기 때문에 그 전까지 일정을 소화시켜야 한다. 지하철을 타면서 여러 번 느낀 점 중 하나는, 보통 한국인이면 다음 역에서 내릴 경우 문이 열리기 전에 조금 기다리다가 내릴 텐데, 이곳 중국은 문이 열리고 나서야 일어나는 경우가 대부분이었다. 묘한 성향 차이다. 중국 사람들의 마음이 느긋하다고 해야 할까? 혹은 대단히 실용적이어서 굳이 먼저 일어나 있는 수고를 덜고 싶어 하기 때문일까? 아무튼 앞으로도 계속 눈여겨볼(?) 생각!

뚱즈먼에 도착하다

그리고 뚱즈먼에 도착했다. 뚱즈먼(东直门, 동직문)은 시즈먼(西直门, 서직문)의 대칭점에 위치한 (동↔서) 중요 교통 거점으로, 지하철 환승 지점일 뿐만 아니라 일부 대형 버스들의 시발역이기도 하다. 부근에 장거리 버스 터미널도 있어 공항이나 타지역으로 가기 위해 많은 사람이 찾는다.

세계 어느 곳이나 마찬가지겠지만 중국도 실업 문제가 상당히 심각한 사회 문제로 대두한 상태이다. 일하겠다는 사람이 많아서 음식점에 사람을 과도하게 많이 쓰기도 하고 월급이 노동 초과 공급으로 점점 낮아진다고 앞에서 말한바 있으나 내가 말하는 실업 문제는 바로 대학생 실업이다. 낮은 돈을 받고도 일하겠다는 사람들은 대부분 농민공 출

거리의 방랑 음악가

신으로 시골에서 상경하여 할 수 있는 일은 모두 당차게 맡아서 하는 사람들. 이것이 초과 공급이라는 것이다. 그러나 일자리가 있어도 일하지 않는 대학생들이 있어 실업은 심각한 문제가 되고 있다. 대기업, 공기업, 보수가 높은 자리만을 원하는 풍토가 이곳 사회주의 국가 중국에도 만연해 있었다.

길에서 삔랑(檳榔, betel nut)이라는 것을 사서 씹어 보았다. 이걸 산 이유는 별게 아니고 그냥 궁금해서이다. 예전에 공부하다가 본 단어인데, 체험해 보기 전까지는 도저히 뭔지 모를 것 같

삔랑(檳榔), 중국 전통 껌의 개념이랄까?

았기 때문이다. 아무튼 이걸 중국 전통 껌이라고 헤야 힐까? 아무튼 작물의 일종으로 한국인들에게는 전혀 생소한 기호 식품일 것 같다. 맛을 이야기하자면, 약간 치약 맛? 치약도 약간 역한 맛 치약. 맛이 강해서 입안이 화~해지고 몸에서 약간 열도 난다. 부작용으로 얼굴 빨개짐, 속 쓰림 등이 있을 수 있다고 쓰여 있기도 했다.

도착한 싼리툰(三里屯)

뚱즈먼을 지나 드디어 싼리툰(三里屯)에 도착했다. 외국인들을 제대로 겨냥한 음주 거리라고 생각하면 거의 비슷하다(인근에 각국 대사관들이 자리해 있음). 한국의 이태원과 거의 비슷하게 '음주+쇼핑+클럽' 전략으로 외국인 주머니를 제대로 공략하는 곳인데, 방문자는 단연 중국인이 가장 많다.(당연한 일이다. 여기는 중국이니까.)

싼리툰 거리

부근에는 택시들이 꼬리를 물고 외국인 관광객들을 기다리고 있었다. '봉으로 잡으려고?' 십 수년 전까지만 해도 택시 기사가 최고의 직장일 때가 있었다고 한다. 뭐, 지금은 택시 기사가 되는 조건이 완화되면서 업계에서 일하는 사람들이 진짜 많아져 수입이 예전만 할 수 없는 상태라고 하지만!

범상치 않은 클럽들도 보이고 많은 술집들과 깨끗하고 번화한 쇼핑 센터가 있었다(이곳의 활기찬 본 모습을 보려면 밤에 찾아와야 할 것이다). 건물 안도 참 예쁘니 나중에 친구들과 북경에 놀러 온다면 이곳을 꼭 다시 방문해 보고 싶다. 참고로 쌴리툰에서 가장 가까운 지하철역은 '농예잔란관(农业展览馆)' 역이고 택시를 타고 가려면 "취, 쌴리툰 지오우 빠지예(去三里屯酒吧街)"를 띄어쓰기에 맞게 빨리 읽어 주면 될 것이다.

이제 왕징으로 가기 위해 다시 걷고 있는데('쌴위안치아오(三元桥)' 역까지 갔다가 버스를 타고 이동), 갑자기 웬 사람이 나보고 핸드폰 싸게 줄 테니까 안 사겠냐고 묻는다. 당시 나는 3만 원 상당의 고가(?) 핸드폰이 있어 살 필요도 없었지만, 이런 핸드폰은 백이면 백 훔친 것일 것이기 때문에 사지 않고 살 수 없었다. 중국 대부분의 핸드폰은 Sim 카드만 바꾸면 완전히 다른 사람의 폰이 되어 버리기 때문에 이런 암상인을 종종 볼 수 있었다.

아무튼 갈 길이 멀어 시속 8km 속도로 쌴위안챠오까지 걸어가는데, 이동 경로는 북경 지하철 노선도를 참고했으며, 다행히도 지하철 역을 따라서 계속 올라가면 바로바로 도착했다. 아마도 북경이 반듯하게 직선

길로 지어진 도시라 방향 꼬임이 없고 변수가 적어 걸어가는 데 무리가 없었지 않나 싶다.

싼위안챠오 역에 도착하여 버스를 타고 왕징춘(望京村)에서 내렸는데, 내가 생각했던 그곳이 아닌 것 같아서 다시 택시를 탔다.

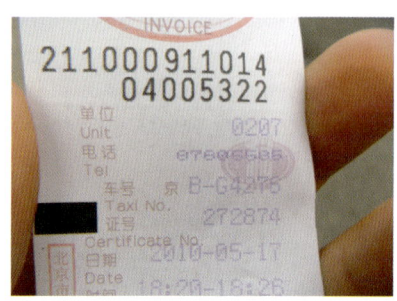
택시 영수증

다행히도 기본료(10위안) 거리 안에서 내가 그리던 그곳을 찾을 수 있었다. 아저씨께 내려 달라고 말하고 영수증(发票)을 챙겼다. 이 영수증을 자세히 보면 표에 기관 번호와 연락 가능한 번호, 차량 번호, 가격 등이 쓰여 있어서 문제가 있을 경우 찾아 따질 수 있도록 되어 있다. 따라서 내가 외국인이라서, 혹은 외지인이라서 뒤통수를 맞았다 싶으면 영수증을 뒤져 신고하면 되는데, 이게 정식 택시를 타야만 하는 이유다. 감히 사기 치기가 두려울 것이니.

왕징은 중국의 대표적인 한인 타운 중 하나로, 한국인들이 운영하는 상가와 식당, 편의점들이 곳곳에 있어 한국어만으로 생활이 가능할 정도다(그러나 물론 중국인 거주자 수가 한국인보다는 많을 것으로 생각됨). 2005년 중국을 처음 여행했을 때, 같이 왔던 친구가 이곳 왕징에 살고 있었던 관계로 며칠 일 머문 적이 있었기에 감회가 더 새로웠다. 2005년 중국어 발음을 배우느라 그토록 애를 먹었었는데, 그래도 배운 값은 하고 있구나.

왕징은 한국인들이 많이 살고 있어 아파트 값이 비싸고 관리비가 더 높

이곳이 바로 코리아타운 왕징

기도 하겠지만, 공원 조성과 환경 관리가 대단히 잘되어 있다(중산층 이상 중국 거주지의 일반적 특징인 우수한 공원 환경 조성의 업그레이드 판). 부근에는 월마트, 우리은행 등이 있어 쇼핑까지 OKAY. 이런 저런 모습을 더 살펴보다가 숙소로 방향을 돌렸다.

돌아가는 길에 차이민춘(彩民村) 복권, 로또 매장이 있어 도전 차 들어와 보았다. 여러 가지 로또, 복권이 있겠으나 내가 해본 건 밑의 2가지다. 1~35까지 5개(앞자리), 1~12까지 2개(뒷자리), 이렇게 총 7개 고르는데, 한국 로또 같은 개념으로서 당첨자 공

숫자 7개 고르기

긁으면 현장 당첨

개는 다음날 아침이다. 시간을 조금 두고 당첨자를 공개하는 복권이고, 1개 작성하는 데 2위안을 냈다. 나는 앞자리로 7/9/18/22/33을, 뒷자리로는 3/4를 골랐는데, 다음날 확인은 하지 않았다.

그리고 1등 상금이 12만 위안(2천만 원)이라는 긁기 게임을 했는데, 뒷장에 긁는 곳이 있어 긁으면 바로 당첨 여부를 알 수 있었다. 1개 도전에 2위안이다. 당연히 당첨되지 않았고, 사진만 찍은 뒤 버렸다. 복권집을 나와 왕징에서 도심으로 돌아가는 420번 버스를 탔다.

나는 5위안에 햄버거를 구입해 먹었는데 뭐랄까, 모습은 멀쩡한데 소스가 없는 느낌이었다. 소스만 넣었으면 진짜 맥도날드랑 맛이 똑같을 텐데! 먹으면서 상당히 아쉬웠다.

오늘 느낀 점은 다음과 같다. '1) 5년이 지난 왕징의 모습, 여전히 한가로워. 2) 처음 해본 중국 스포츠 복권, 싸서 접근이 쉽다. 그만큼 사람들도 많이 붐빔. 3) 싼리툰, 외국인들 공략을 위한 중국의 호텔+쇼핑+술집 거리(놀러온 사람에게 추천). 4) 왕징은 꽤 넓은 지역이고, 그 중에 일부 지역만 한국인 밀집 지역. 5) 왕징은 도심에서 상당히 멀리 떨어진 지역이다.'

다시 하루가 마감되었다. 내일은 또 어떤 하루가 날 기다리고 있을까.

빛나는 북경의 도심

중관춘(中关村)의 이모저모

**4대 직할시 북경**

✈ 호우하이(后海)에서의 우연한 만남

중국에서 자장면은 '자지앙멘(炸酱面)'이라고 읽는다. 잘 알다시피 이 음식의 뿌리는 중국이며, 특히 북경에서 화교들을 통해 한국에 상륙했다. 한국과 중국의 짜장면은 각기 다른 길을 걸어오고 있으나, 원래 원

짜장면은 중국 음식이다

조는 중국이라는 것을 명확히 해두어야 분쟁의 여지가 없지 싶다. 이 이야기를 하는 이유는 '중국에는 자장면이 없다'라고 말하는 사람이 있기 때문이다. 뭔가 억울하지만(?) 중국에 자장면은 있고, 원래 중국 음식이 맞다. 한국의 자장면과 중국의 자장면의 가장 큰 차이점으로 '한국은 달고, 중국은 짜다'는 점을 들고 싶다. 한국인은 단 걸 좋아하고 중국인은 짠 걸 좋아하는 특성이 짜장면 한 그릇에 잘 나타나 있는 것이다.

아무튼! 오늘은 중국의 IT 중심이라고 적고, 전자상가로 읽히는 중관춘(中关村)을 방문한 뒤 가볍게 한국인 유학생들의 천국(?) 우다코(五大口, 오대구)에 갔다가, 호수와 함께 분위기 있는 술집과 고풍스러운 골목 등으로 잘 알려진 관광 명소 호우하이(后海)에 가는 것으로 마칠 계획이다.

IT 중심이라 적고 전자상가로 읽히는 중관춘(中关村)

중관춘(中关村)의 이모저모

우선 중관춘에 도착했다. 이곳은 한국으로 치면 용산 전자상가를 생각하면 될 것 같다. 규모는 이곳이 대륙 스타일이니까 압도적으로 클 것이다. 북경의 실리콘밸리라고 불린다고도 하는데, 그냥 내 눈에는 전자상가다. 북경에서 전자제품 살 일이 있으면 여기서 사면 다양한 비교가 가능할 것이다. 노트북, 핸드폰, MP3, USB, 디지털 카메라 등 없는 것 빼고 다 있으니 말이다.

눈에 띄는 회사가 있어 소개하면, 렌샹(Lenovo Group, 레노버)은 1984년에 설립되었으며 현재 세계에서 가장 두각을 나타내고 있는 PC 판매 회사 중 하나다. 2013년 한국레노버 대표이사는 IDC 및 가트너의 최근 업계 동향 보고서를 인용하며, 레노버가 세계 PC 시장 1위를 달성했다고 밝혔을 정도이다. 중국의 발전 속도가 남다르다는 점을 다시 떠올리게 된다.

돌아다니다가 맥도날드(麦当劳)에서 파인애플 맛 선데이 아이스크림을 6위안에 구매했다. 맛 선택이 다양했던 걸로 기억된다. 다양성과 선택의 천국, 중국답다고나 할까.

부근에는 영화관, 전자상품 외 기타 쇼핑몰, 까르푸의 각종 식당들, 특히 98위안(17,500원)에 먹는 일식 뷔페 집도 있었다! 혼자라도 좋으니 들어가고 싶지만, 배가 고프지 않아 슬픈 나였다.

북경외대 외국인 기숙사 바이로우(白楼)　　　북경외대 외국인 기숙사 앞 매점

중관촌을 둘러보고 난 뒤 군복무 전 한 학기 교환 학생으로 머물렀던 '북경외대(北外)'를 잠시 방문하여 회상에 젖었다. 어제 갔던 북경의 코리안타운 왕징은 중국어를 배운 뒤 처음 왔던 장소이고, 북경외대는 중국어의 기초를 다졌던 곳으로 둘 다 나한테는 매우 소중한 기억이 있는 곳이다.

외대에 잠시 들렀다가 우다코로 가는데 갑자기 비가 막 내리기 시작했다. 이럴 수가…. 우산이 없다. 강우 확률이 있다는 것은 알고 있었으

비가 막 그친 우다코의 모습

나, 우산 들고 다니는 게 귀찮아서 안 가져왔었던 것 같다.

실로 대단한 폭우였기에 우다코로 가서 사진도 못 찍게 생겼다. 이런, 완전 최악이라고 생각했는데, 다행히 소나기였던 것 같다.

이곳이 바로 외국인 유학생한테 진짜진짜 유명한 우다코(五道口, 오도구) 역이다. 한국인 사장님들이 운영하는 고깃집, 자장면집 등이 많은데, 그 맛은 당연히 한국과 같다. 아니, 같은 값에 좋은 재료를 더 듬뿍 넣어 한층 더 맛있을지도 모르겠다. 특히 여기 '자장이 좋다'는 예전 북경외대 유학 시절 가본 적이 있는데, 중국에서 먹어서 그렇게 느꼈을는지도 모르지만, 한국에서 먹었던 자장면보다 더 맛있게 먹었던 기억이 난다.

북경어언대 내부

우다코에 한국인이 많은 이유는 아무래도 '북경어언대(北京语言大学)'의 존재 때문일 것이다. 한국에서 가장 광범위하게 인정해 주는 중국어 자격증이 HSK라는 시험인데, 이 시험의 출제 대학이 바로

북경어언대 내부

이곳 우다코에 위치한 북경어언대였기 때문이다(2008년부터 출제 대학이 북경대학으로 바뀐 듯함). 현재 신 HSK라고 불리는 시험은 1~6급까지 있는데, 급수 자체로는 사실 큰 변별력이 없는 반면, 예전 어언대의 HSK 1~11급 시험은 변별력이 대단했다. 11급이 가장 높은데, 해당 급수 소지자를 그리 찾기 쉽지 않았기 때문이다. 그래서 11급을 가진 사람이 있으면 누구나 엄지손가락을 치켜세워 주며 "어이쿠~, 중국어를 대단히 잘하시나 봐요." 하고 말해 줄 수 있는 시절이 있었다. 하여튼 이 학교를 다니는 한국인 유학생이 아주 많은 편이다. 그래서 중국어 공부하기에 부적합 장소라고 생각한다.

오도구 근처에 있는 유명한 장소로는 한국 의류 등 최신 패션을 반영한 (?) 오도구 복장 시장, 고급 호텔 서교빈관(西郊宾馆), 한국 요리 구이점 구이락 등을 들 수 있다. 복장 시장이나 서교빈관은 정말 유명한 곳이고, 구이락은 그냥 내가 좋아한다.

나는 다시 지하철을 타고 시즈먼(西直门, 서직문)으로 향했다. 서직

유독 아름답게 지어진 시즈먼 쇼핑센터
(西直门嘉茂购物中心)

문은 어제 방문했던 동직문(东直门)과 마찬가지로 북경 교통의 요충지다. 서직문 역 바로 옆에는 기차역이 있는데, 이는 북경 북쪽 기차역이다. 북경에는 기차역이 북경역, 북경동역, 북경서역, 북경남역, 북경북역 이렇게 5개가 있고, 역마다 고유 용도 및 주요 왕래 지역이 다르다. 위치를 구분하기 위하여 북경북(北) 역, 북경서(西) 역 등으로 방향을 붙여서 부르고 있으니 참고하기 바란다. 또 기차표를 샀을 때는 탑승 지점을 꼭 확인할 필요가 있다.

시즈먼부터 호우하이(后海)는 아주 먼 거리가 아니었기 때문에 한 시간

북경의 관광 명소 호우하이(后海)

고전풍의 찻집에서 졸고 있는 외국인.
아늑한 느낌이 든다

호우하이는 전통 골목 구경으로도 유명하다

정도 걸어 도착했다. 호우하이는 상당히 큰 호수인데, 사진의 부분은 아주 작은 일부분에 불과하고, 한참 걸어가면 잘 꾸며진 펍(pub)들과 관광객들을 맞이하는 상인들의 모습을 볼 수 있다. 이 부근은 호수 외에 중국 전통 골목을 잘 보전한 후통(胡同) 거리로 유명해서, 저렇게 자전거 가마를 타며 길목을 구경하는 관광객들이 많이 보인다.

호우하이를 밤에 방문하면 이런 느낌이다

호우하이의 예쁜 호수!

부근에는 술집이 진짜 많은데, 어떤 집들은 전망이 좋은 대신 가격이 엄청나게 높았다. 밤이 되면 일부 술집에서는 스트립 서비스(?)도 제공하는 듯한데, 처음부터 끝까지 본 적이 없어서 수위는 잘 모른다.

그래도 호우하이의 가장 큰 자랑은 역시 예쁜 호수가 아니겠는가?


후문으로 들어가 정문으로 나오니 카드를 치는 분들도 보이고 음악에 맞춰 손뼉을 치며 노래 부르시는 분들도 보였다(구걸하시는 분이 아니라 그냥 즐기는 사람들이다). 친구 3명이 같이 합주하는 것 같았는데, 경극(京劇)의 '하얀 머리의 여인(바이마오뉘, 白毛女)'이라는 구절을 부르고 있었다. '바이마오뉘(白毛女)'는 1945년에 히트 친 작품으로 공산주의 사상이 물씬 풍긴다. 즉 악덕 지주가 소작농을 죽게 만든 뒤 소작농의 딸을 범한다. 소작농의 딸은 어쩔 수 없이 산에 들어가 귀신처럼 살게 되는데, 팔로

경극을 보다 알게 된 한허장(韩合江) 이라는 중국 친구

군(인민 해방군의 전신)이 들어와 새로운 삶을 살게 된다는 내용이다. 구 사회의 힘든 삶과 신 사회의 밝음이 교차되고 있다.

노인께서 부르시는 내용이 궁금하여 옆에서 듣고 있는 한 청년에게 물었는데, 어쩌다 어쩌다 이야기가 길어져서 조금 동행하게 되었다. 이름은 한허장(韩合江)이고, 인터넷을 통해 티셔츠를 판매하고 있다고 한다. 친구와 함께 두 명이 창업했다고 한다. 호랑이 띠니까 나와 같은 86년생 동갑으로 아주 착하고 건실한(?) 청년 같았다. 불교를 정식으로 믿는 건 아닌데 고기는 안 먹고 채식만 한단다.

중국에서 인터넷 판매를 이야기하면 꼭 짚고 넘어가야 할 것이 바로 타오바오왕(淘宝网)이다. 이는 한국의 G마켓, 미국의 이베이, 일본의 라쿠텐과 비교할 수 있는 아시아 최대의 인터넷 쇼핑몰이다. 2003년 알리바바(阿里巴巴) 집단에서 투자하여 설립된 이 회사는 개인 대 개인, 기업 대 개인의 인터넷 쇼핑 서비스를 제공한다. 성장세 또한 남다른데, 2007년 433억 위안 매출액에서 2013년 현재 매출액이 1조 위안을 넘었으니 2,300% 성장을 이룬 셈이다.

허장팸과의 식사

허장의 초대로 허장 팸(친구)들과 저녁 식사를 하게 되었는데, 이런저런 질문도 많이 받았다. 대체적으로 우호적인 분위기였으나, 한 양복 입은

중국인 분은 문학을 공부하여 지식인을 자처하는 선비 같은 인물로 민감한 질문을 많이 했다.

> **Q 중국 선비** 천안함 사건을 어떻게 생각하느냐. 한국 정부가 먼저 공격하나?
>
> **A 나** 전쟁 나면 피해가 너무 커서 선제 공격 가능성은 없음. 한국 정부는 국제 사회 공조 분위기로 몰아가 원조 제재를 노릴 듯.
>
> **Q 중국 선비** 단오절 너네 나라 것 아니지 않느냐
>
> **A 나** 단오절 중국이 원조 맞음.
>
> **Q 중국 선비** 한의학에 대해 어떻게 생각하느냐?
>
> **A 나** 중국에서 배운 서적을 바탕으로 한국이 새롭게 창조한 것.
>
> **Q 중국 선비** 한국인이 중국인들 욕하지 않느냐.
>
> **A 나** 인정한다. 그러나 인터넷 상의 글들이 전체 의견을 대표하지는 않으며, 매우 극단적인 의견이 많다. 따라서 그대로 받아들여서는 안 된다. 한국인들의 편견은 전체 모습 가운데 충격적인 일부의 기억이 강하기 때문이다. 장기적인 접촉과 상호 교류를 통해 풀어 나가야 한다.

이런 식의 질문을 많이 받았는데, 보통 다 전형적인 내용들이라 당황하지는 않았다. 특히 중국인들이 흥분하는 내용 중에 하나가 '단오절' 문제인데, 이건 일단 쿨(cool)하게 중국에서 유래한 것이 맞다고 인정해주고 가는 것이 좋을 것 같다. 여기에 대해서는 마치 우리가 '일본 사람들이 독도를 우리 땅'이라고 말하는 것에 준하는 민감성을 보이고 있으니 말이다.

모임을 파하고 나도 숙소로 돌아와 하루를 마감했다. 오늘은 '베이징 IT 중심지, 중관춘'과 '한국 유학생들의 천국, 우다코'를 방문하고 '아름다운 호우하이에서' 우연한 만남이 있었던 날이다.

# 생생한 중국인들의 목소리, 중국 설문조사 결과

중국 일주를 하면서 가장 중점적으로 살펴보고자 했던 것은 중국인들의 생활 양식과 그들의 생활이었습니다. 따라서 중국에 있을 때 최대한 많은 사람들의 생각을 얻어 가고 그것을 데이터화시켜야겠다는 판단 아래 여러 대학에서 설문조사를 진행했습니다. 아래 조사는 하얼빈 공업대, 길림대, 연변대, 동북대, 남개대, 청화대, 북경대 총 7개 대학 210여 명을 대상으로 진행한 설문 결과입니다.

설문은 교류/문화/경제/정치/생활 – 5가지 테마를 가지고 진행했으며, 일부 문항의 경우 뒤늦게 추가되어 모수가 적을 수 있다는 점, 복수 선택을 허용한 문항이 있어 총합이 설문 인원보다 많을 수 있다는 점 참고 부탁드립니다.

## 교류(交流)

### 1. 당신의 한국인에 대한 인상은?

| | |
|---|---|
| 1) 아주 좋다 | 14 |
| 2) 좋다 | 55 |
| 3) 괜찮다 | 128 |
| 4) 나쁘다 | 15 |
| 5) 싫다 | 0 |
| 6) 증오한다 | 0 |

대체적으로 '좋아∼괜찮다'를 택해 주었으나, 중국어로 어감상 그저 그렇다는 느낌을 주는 '괜찮다'였으므로, 한국인에게 정말 호감을 갖는 중국인은 69명이라고 봐야 했고, 오히려 '별로야'라고 생각하는 중국인이 많았다.

### 2. 인터넷 상의 한중 양국 비방에 대해 어떻게 생각하는가?

| | |
|---|---|
| 1) 대다수 의견을 대표하지는 않는다 | 70 |
| 2) 지나치게 극단적이다 | 62 |
| 3) 양국 간에는 실제로 문제가 있다 | 52 |
| 4) 소통의 문제로 인한 것이다 | 66 |
| 5) 양국은 서로를 싫어한다 | 5 |
| 6) 인터넷 소식을 믿을 수 없다 | 13 |

| 7) 잘못 전해진 소식들로 인한 것이다 | 7 |
|---|---|

양국 간 온라인 마찰이 심각하다. 한국 관련된 기사에 쏟아지는 악플들은 중국에서도 아주 대단하다. 그래도 설문을 보면 오프라인에서는 이성적으로 판단하는 편이었다.

### 3. 한국에 와본 적이 있는가?

| 1) 있다 | 9 |
|---|---|
| 2) 없고, 가기도 싫다 | 49 |
| 3) 없지만 기회가 있으면 가고 싶다 | 154 |

'없고, 가기도 싫다'라는 항목을 선택한 사람이 49명이나 된다는 사실에 깜짝 놀랐다. 예의상 3번을 택한 사람도 있었을 테니, 실제 마음속 결과는 더욱 참혹했을 것이다.

### 4. 한국어를 배워 보셨나요?

| 1) 예, 잘합니다 | 0 |
|---|---|
| 2) 예, 배워 보았습니다 | 16 |
| 3) 아니오, 배울 생각도 없습니다 | 98 |
| 4) 아니오, 그러나 배우고 싶습니다 | 98 |

위와 마찬가지로 결과가 그리 긍정적이지 않았다. 한국어를 아주 잘한다는 사람은 아예 없고, 배울 생각이 아주 없다는 사람이 거의 절반에 달했다.

## 문화(文化)

### 5. 중국에 정말 한류가 있다고 생각합니까? 미국의 영향력과 비교한다면?

| 1) 한류는 없습니다 | 11 |
|---|---|
| 2) 한류가 있지만, 미국의 영향력에 미치지 못합니다 | 116 |
| 3) 한류는 있고, 미국의 그것에 상당합니다 | 64 |
| 4) 한류는 미국의 영향력을 넘어서고 있습니다 | 17 |
| 5) 한류가 최고입니다 | 4 |

중국에는 분명한 한류가 존재한다는 사실을 증명해 주었다. '미드'와 '헐리웃'의 영향력에 한류가 감히 도전했으나 85명이 비슷 또는 우세를 점쳤다.

### 6. 당신이 가장 적대시하는 국가는 어디입니까?

| 1) 한국 | 3 |
|---|---|
| 2) 일본 | 89 |

| 3) 미국 | 5 |
|---|---|
| 4) 러시아 | 2 |
| 5) 북한 | 4 |
| 6) 인도 | 9 |
| 7) 없음 | 100 |

역시 중국이 가장 미워하는 나라는 일본이다. 재미있는 것은 미국보다 오히려 인도를 더 견제한다. 캐릭터가 겹쳐서 그런 것일까? 영토 분쟁 때문일까?

### 7. 중국의 영향력이 국제사회에서 대단하다는 것에 동의하십니까?

| 1) 사실이다 | 55 |
|---|---|
| 2) 사실이나 갈 길이 멀다 | 145 |
| 3) 사실이 아니다 | 4 |
| 4) 잘 모르겠다 | 8 |

중국의 영향력이 강한 데에는 거의 이견이 없었으나, 모두 아직 배고픈 것은 사실이다.

### 8. 중국 무술을 할 줄 아십니까, 배워 보셨나요?

| 1) 매우 익숙한 수준입니다 | 3 |
|---|---|
| 2) 배운 적이 있습니다 | 9 |
| 3) 그냥 약간 할 줄 압니다 | 69 |
| 4) 배워 본 적이 없습니다 | 131 |

중국인 하면 떠오르는 것이 '쿵푸'이겠지만, 사실상 한국인의 태권도처럼 누구나 배우는 것은 아니다. 태극권은 왠지 한국의 '국민 체조' 느낌이다.

### 9. 현대극을 좋아하시나요, 고전극을 좋아하시나요?

| 1) 현대극 | 95 |
|---|---|
| 2) 고전극 | 102 |

팽팽했지만 결국 고전극이었다. 김용의 무협소설 작품 및 역사극들을 TV에서 심심치 않게 볼 수 있다.

### 10. 경극 등 전통문화를 감상하십니까?

| 1) 그렇습니다. 자주 보고 있습니다 | 84 |
|---|---|

| 2) 아니요, 한물갔다고 생각합니다 | 14 |
|---|---|
| 3) 관심 없습니다 | 39 |
| 4) 본 적이 없습니다 | 14 |
| 5) 경극은 못 알아듣겠습니다 | 61 |

사실 '관심 없거나 한물갔다고 생각한다'를 예상했는데, 생각보다 많은 사람들이 자주 보고 있다고 답했다. 그러나 예상대로 경극은 도저히 알아들을 수가 없나 보다.

### 11. 가장 좋아하는 연예인의 국적은 무엇입니까?

| 1) 중국 | 67 |
|---|---|
| 2) 대만 | 18 |
| 3) 홍콩 | 20 |
| 4) 일본 | 4 |
| 5) 미국 | 13 |
| 6) 한국 | 7 |
| 7) 좋아하는 연예인이 없습니다 | 80 |

역시 중국인은 중국인을 제일 좋아하나 보다. 그 다음이 중화권(대만, 홍콩), 미국 순. 그나마 한국이 일본은 제쳤다.

## 경제(经济)

### 12. 세계 경제에 관해 관심이 있습니까?

| 1) 관심이 아주 많습니다 | 61 |
|---|---|
| 2) 주의 깊게 보고 있습니다 | 82 |
| 3) 적당히 알고는 있습니다 | 62 |
| 4) 관심 없습니다 | 3 |

경제에 대해 관심이 없다고 하는 사람은 거의 없있다. '적당히 알고 있다'의 경우 중국 특유의 겸양표가 섞여 있어, 대체적으로 대학생이면 어느 정도 관심이 있음을 알 수 있다.

### 13. 위안화 평가절하 문제에 대해 어떻게 생각하십니까?

| 1) 심각히 절하된 것이 맞습니다 | 12 |
|---|---|
| 2) 절하되었으나 심각하지 않습니다 | 65 |
| 3) 절하되지 않았습니다 | 28 |

| 4) 세계 경쟁 국가들의 모함입니다 | 42 |
|---|---|
| 5) 지금의 가치가 적당합니다 | 32 |
| 6) 절하되었으나 국가적으로 필요한 방법입니다 | 22 |
| 7) 잘 모르겠습니다 | 28 |

위안화 절상에 대해 매우 민감한 입장을 취하고 있었다. 화폐가치 조작으로 미국과 계속 마찰이 일어나지만, 중국인들은 대체로 억울하다는 입장이 많다.

## 정치(政治)

### 14. 정치에 관심 있으신가요?

| 1) 매우 그렇습니다 | 33 |
|---|---|
| 2) 그렇습니다 | 111 |
| 3) 아닙니다 | 53 |
| 4) 정치와 거리감이 느껴집니다 | 0 |

경제와 달리 정치는 관심이 없다는 사람이 많은데(53명), 공산당이 정치를 꽉 잡고 알아서 하다 보니 그런 듯하다. 정치를 하려면 공산당이 되어야 한다.

### 15. 공산당이신가요?

| 1) 그렇습니다 | 57 |
|---|---|
| 2) 아닙니다 | 142 |

14억 인구 가운데 8,500만 명이 공산당인 것을 감안할 때, 대학생의 공산당 비율은 상대적으로 높은 것을 알 수 있다.

### 16. 중국에서 정치에 대해 이야기하는 것은 적절합니까?

| 1) 적절하지 않습니다 | 13 |
|---|---|
| 2) 적절합니다. 이제 이야기할 때가 되었습니다 | 55 |
| 3) 내 의견을 담대히 내세울 수 있습니다 | 78 |
| 4) 아무래도 의견을 내세우지 않는 것이 좋습니다 | 34 |
| 5) 마음대로 이야기할 수 있습니다 | 18 |
| 6) 조금은 두렵습니다 | 3 |

민감하지만 꼭 물어보고 싶은 내용이었다. 굳이 설문을 했지만 중국에서 지도자를 욕하는 일은 사실상 절대 금기다. 중국인은 공무원, 경찰 욕은 많이 해도 절대 정부 지도자를 공개적으로 욕하는 일이 없다.

설문을 어느 정도 솔직하게 했는지는 모르겠으나, 적어도 '내 할 말 하고 싶다'라는 생각은 하고 있는 듯했다.

## 17. 공산당도 자본 계급을 대표할 수 있습니까?

| | |
|---|---|
| 1) 말에 모순이 있습니다 | 84 |
| 2) 자본가 계급도 인민 계급이라 가능합니다 | 80 |
| 3) 잘 모르겠습니다 | 29 |

중국 공산당은 자본가 계급의 입당을 허용하고 있다. 계급을 타도하여 모두를 평등하게 만들어야 하는데, 이를 인정하고 포용한다는 것이 말이 되는지에 대해 말이 많다.

## 18. 세계인들이 국가 지도자를 욕하듯 중국인들도 할 수 있습니까?

| | |
|---|---|
| 1) 얼마든지 가능하다 | 39 |
| 2) 욕할 일이 있으면 난 할 것이다 | 90 |
| 3) 절대 불가능하다 | 15 |
| 4) 다른 사람이 들을까 두렵다 | 15 |
| 5) 가능한 일이다 | 37 |

국가 지도자를 욕할 수 있겠느냐는 질문에 민감한 반응을 보였던 설문자들이 조금 있었다. 그만큼 이들에 대한 신뢰와 권위는 절대적이다. '불가능하다', '들을까 두렵다'와 같은 민감한 항목을 선택한 사람이 30명이나 되었다.

## 종교/생활(生活)

### 19. 당신이 믿는 종교는?

| | |
|---|---|
| 1) 없음 | 72 |
| 2) 기독교 | 2 |
| 3) 천주교 | 1 |
| 4) 불교 | 7 |
| 5) 도교 | 1 |
| 6) 유가 | 28 |
| 7) 기타 | 2 |

중국인들은 대체로 신을 믿지 않는다. 무교가 가장 많고, 불교와 유교(이것도 대체로 사상적 측면)가 많았다.

## 20. 중국인들의 예상 평균 월급

| | |
|---|---|
| 1) 16~32만 원 | 5 |
| 2) 32~64만 원 | 40 |
| 3) 64~96만 원 | 10 |
| 4) 80~112만 원 | 0 |
| 5) 112만 원 이상 | 0 |

대학생들이 밝힌 중국인의 평균 월급은 32~64만 원 수준이다. 개인적 의견을 보태면 50만 원 정도 되는 듯하고, 동남아 국가에 비해 노동력이 많이 비싸다.

## 21. 졸업 후 희망 월급

| | |
|---|---|
| 1) 32~64만 원 | 3 |
| 2) 48~80만 원 | 10 |
| 3) 64~96만 원 | 19 |
| 4) 96~128만 원 | 11 |
| 5) 128만 원 이상 | 14 |

평균 월급과 희망 월급의 차이가 크다. 명문대 학생을 대상으로 하여 그런지 대체로 100만 원은 받아야 한다는 생각을 하는 것 같았다.

- 이상 -

你好，我是韩国大学生名叫柳振虎
正巡回中国百大名校，现在经过您的大学
以下问卷儿会上传到我的博客上
(http://blog.naver.com/godjinho)

《这里是 南开大学 》
手机：18745782561
Email：godjinho@naver.com

（请你打叉填写）

交流
【1】您对韩国人的印象？（选 1 个）
1.非常好 2.好 3.还可以 4.不好 5.讨厌 6.憎恶
【2】在网络上传来的一些韩中两国的不协和音（大骂他国）你怎么看？（无限）
1.不代表多数意见 2.网络上的消息太极端 3.两国间确实有问题 4.那是沟通障碍所致的
5.韩中互相不喜欢 6.网络上的消息我不信 7.那是误传的
【3】来过韩国吗？（选 1 个）1.来过 2.没有，也不想去 3.没有，但有机会想去一趟
【4】韩国语学过吗？（选 1 个）1.是的我强 2.是的 3.不是，也不想学 4.不是，但想学

# 중국 하북성(河北) 석가장(石家庄)

인구 7,241만 명(2011)
지역총생산 26,575억 위안(2012)
면적 18.8만 제곱 킬로미터 (남한 면적의 약 1.9배)

〈통계 출처: 『Baidu 백과사전』〉

## 역사 문화

무술의 발전과 깊은 관련이 있는 지역이다. 양
가 태극권 등의 무술 발원지로서 창조우(常
州)는 무술과 잡기로 유명하며, 한딴(邯鄲)은
역사적 고성으로서 전국 시대와 서한 시기에
크게 발전한 바 있다. 이 밖에 북경과 천진을
감싸고 있는 전략적 요충지여서 역대로 이 지
역을 차지하기 위한 전쟁이 끊이질 않았다.

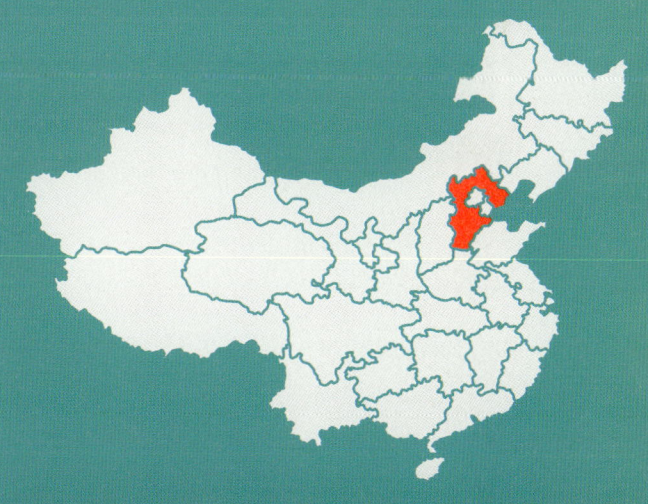

북경 서쪽 역의 위엄

## 하북성 석가장
✈ 생선 가시야 날 살려라

4일간의 북경 일정을 마치고 오늘은 하북성 석가장으로 떠난다. 북경에 있을 동안엔 120위안짜리 삔관(중저가 숙소)에서 머물렀다. 가격은 조금 비싸지만 귀차니즘(?)에, 아니, 스케줄이 빡빡해서 그냥 이곳에 계속 머물러 있었다. 옆에 있는 피씨방 인터넷도 빠르고 해서 큰 불만은 없었다.

기차표 환불 사태

기차 시간에 맞게 역에 도착했다. 그런데 이럴 수가! 내가 기차를 타야 할 곳은 이 기차역이 아니다(일전에 이야기했던 것처럼 북경에는 5개의 기차역이 있다. 동서남북, 그리고 북경역!)! 진짜 부끄럽고 스스로에게 화가 나서 어쩔 줄 몰라하다가 결국 표를 환불했다.

시간을 돌려 아침으로 돌아가 보자. 나는 새벽 2시경 취침하여 7시 15분쯤 겨우 일어날 수 있었다. 8시 22분에 출발하는 기차여서 서둘러 밖으로 나와 택시를 탔다. 나는 왜 유명한 북경의 교통 체증을 생각하지 못했던 것일까? 그냥 급한 마음에 택시를 탔으나 엄청나게 막혀서, 가까운 거리임에도 시간을 거의 꽉 채워 도착했다. 지하철을 탔어야 했는데…, 하면서 택시비를 지불하고 대합실에 들어갔다. 그런데 도착한 기차역이 달랐다. 내 표는 베이징 서쪽 역 출발 기차인데, 눈앞의 이곳은 베이징 동쪽 역이었다!

이럴 수가…. 그렇게 해서 나는 환불을 하게 되었다. 좋은 경험이라면, 환불을 출발 10분 전에도 아무 탈 없이 바로 해준다는 사실을 알게 되었다는 것? 짜증나서 표 찢었으면 큰일 날 뻔했다. 음, 환불하길 잘했다. 환불로 인한 금전적 손해는 20% 깎이니까 8위안(1,400원)인데, 가장 아까운 돈은 택시비 30위안이었다.

쩐쿵푸(眞功夫), 이소룡 마케팅?

2시간 뒤에 석가장으로 떠나는 표를 구매한 뒤, 상당한 짜증 게이지를 가지고 항상 간다 간다 하고 별러 온 쩐쿵푸(眞功夫)에 들어갔다. 쩐쿵푸는 중국이 시도하는 일종의 중식 맥도날드로, 주로 찐 음식을 파는 곳이라고 볼 수 있다. 면과 죽, 탕 등을 판다. 가격은 동종 업계와 비교해 볼 때 싼 편인 것 같다.

우샹니우난펀(五香牛腩粉), 갈비살 꼬들국수

매장 모습은 맥도날드와 비슷하고, 음료수로는 콜라 외에 뤼또우샤샤(綠豆沙沙)라고 하는 녹두로 만든 음료도 있다(6.5위안). 나는 여기서 씨엔로우빠이오(鮮肉包, 고기찐빵 정도?)와 면(五香牛腩粉, 갈비살 꼬들국수)을 세트로 해서 먹었다(11위안). 면이 꼬들꼬들하면서 짧게 잘려 있어 먹기 편하다. 이 정도면 한국으로 수입해도 좋을 것 같다는 생각이 든다.

밥 먹고 나와서 소화도 시킬 겸 북경 서쪽 역으로 걸어가다 지하철을 타고 목적지인 서쪽 역에 도착했다. 건물이 공항 저리 가라 하도록 웅장하게 지어져 있다. 화려하게 지어진 것을 보니 아마도 최근에 지어진 것임에 틀림없다. 아슬아슬하게 도착하여(아, 나는 이런 스릴이 좋다. 변태?) 기다리는 것 없이 대합실 도착과 함께 바로 기차 안으로 들어갔다.

중국에 와서 이층으로 된 기차는 처음 타봤다. 표를 보면 '04年下008号' 라고 해서 좌석 번호 앞에 '下'라는 한자가 적혀 있는데, 이것이 기차의 아래층을 의미했다(처음 알았어!). 자리에 앉아 있다가 맞은편에 앉은

이층 기차

사람들이 계속 한국말로 이야기하고 있어 들어 보니 한 명은 조선족, 한 명은 한국인인 듯했다. 듣다가 흥미가 없어져 천진의 한 길거리에서 구입한 바둑 입문서(중국 책)를 보고 있다가 책을 잠시 내려놨는데, 앞의 조선족분이 좀 보자고 해서 그 길로 말이 터졌다. 내가 한국인이라고 하니까 그걸로 말이 더 길어지고, 계속 중국어로 말이 이어지다 보니까 한국분은 소외(?)되어 다른 곳으로 갔다가 한참 후 다시 돌아왔다.

식사를 권하셨던 조선족분

석가장역 모습. 그리 번화한 지역은 아니다

몇 시간을 같이 마주 보며 기차를 타고 가다 보니 한국분과도 자연스럽게 말을 틀 수 있었고, 목적지가 같으니 내리면 밥이나 같이 한 끼 하기로 했다.

마중 나온 차를 타고 호텔로

기차역 앞으로 마중 나온 차를 타고 인근 호텔로 바로 이동하는데, 기차역에서 만났던 한국분이 사업차 오신 건지, 법적 분쟁에 말리신 건지 정확히는 잘 모르겠으나 분위기가 상당히 엄숙했다. 조선족분은 한국분 친구의 친구로서 도와주러 온 것. 둘은 대등한 관계 같았다. 차는 이내 근처 호텔에서 멈췄다. 이곳 호텔비는 158위안으로 북경의 삔꽐과 큰 차이가 나지 않는다. 나도 묵을 수 있을 정도라는 생각을 잠시 하다가, 낭비가 심해진(?) 나를 반성하며 다시 헝그리 마인드로 무장해야겠다고 다짐했다.

같이 점심을 먹기 위해 호텔 부근의 사천 요리 집을 들어갔는데, 요리집에 들어서니 바로 앞에 관우상이 보인다. 사천이라고 하면, 삼국지 시대 촉나라가 위치한 곳이 아닌가? 그래서일까, 영험하고 강력한 무신인 관우가 문을 지키고 있었다. 사실 요즘 중국에서 관우는 뭐, 그냥 너무 많이 보인다. TV에서도 '삼국지'(드라마)가 잘나가고 있는 것 같던데.

마중 나온 차를 타고 호텔로

붕어 요리

요리 주문은 조선족분이 시키시는 대로 그냥 나갔고, 이윽고 음식이 나왔다. 생선이 주가 되는 요리들이다(나는 생선보다는 고기를 좋아한다)!

음식을 먹으며 이런저런 이야기를 들었다. 한국분은 잡기단 사장, 그러니까 중국에 있는 잡기단 팀을 한국으로 데려와 잠실운동장 같은 곳에서 공연하는 걸 맡는 분이다(중국어는 하지 못함). 아까 차를 끌고 마중 나왔던 중국인은 아마 중국 쪽 사장이거나 그런 것 같다. 내게 준 명함에 중국예술가협회 회원이라고 된 걸 보면 거의 확실하다. 한국분 사장님께서는 중국 직원들이 한국 양념치킨을 그렇게 좋아했다고 몇 차례나 이야기하셨는데(중국 사업 아이템으로 뼈 없는 양념치킨이 먹히려나?), 그분들의 사적인 이야기라 줄이고….

문득 조선족분에게 미안한 생각이 드는 것이, 그분 명함만 못 받았다. 전화번호라도 물어봤어야 했는데, 정작 같이 밥 먹자고 한 사람인데! 아무튼 밥을 다 먹은 뒤 인사하고 나와서 헤어졌다. 사실 급히 헤어진 셈인데, 이유는 목에 붕어 뼈가 걸렸었기 때문이다. 숨은 쉴 수 있었으나 묘하게 걸려서 아무리 물을 마셔도 넘어가질 않는다. 같이 밥을 먹을 때는 최대한 티를 내지 않고 있다가, 헤어지고 나와 음료수를 사서 벌컥벌컥 마셨다. 그러나 여전히…, 짐도 무겁고 정신이 사나워 방을 대충 잡았다(하루 98위안짜리 ㅠ).

방은 넓고 괜찮은데, 쓸데없이 넓을 필요는 없잖아. 다행히도 생선 뼈는 이내 빠졌다. 이 날은 좀 쉬기로 했다.

급하게 잡은 98위안짜리 숙소

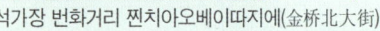

석가장 번화거리 찐치아오베이따지에(金桥北大街)

하북성 석가장
## 성정부 청사의 깡패 공무원

하루를 시작하기 전에 일기예보를 통해 오늘의 날씨를 들었다. '온도는 최저 20도에서 36도까지'. 태양이 슬슬 뜨거워지고 있었다. 단백질 공급이 필요할 것 같아 항상 고단백, 영양 만점이라고 TV 광고에 나오는

'잉양콰이씨엔(营养快线)'을 사서 마셨다(단백질 공급량이 하루 권장량의 12%밖에 안 되지만). 참고로 이 음료를 만드는 회사인 '와하하(娃哈哈)'는 1987년 설립된 중국 최대 음료업체다. 잉양콰이씨엔은 대략 약간 묽은 요거트 정도의 맛이 난다.

와하하의 잉양콰이씨엔(营养快线)

중국 여행 기간 동안 기록 정리 및 정보 검색 차원에서 피씨방을 거의 매일 갔는데, 오늘은 피씨방에 대해 이야기를 좀 해보려 한다. 중국 피씨방에서는 이용 전에 반드시 신분증을 제시해야 하는

중국어로 피씨방은 왕빠(网吧)이다

데, 대부분의 경우 중국인 신분증이 없으면 컴퓨터를 사용할 수 없었다.(아마도 지금쯤은 개선되지 않았을까?)

가격은 보통 한 시간에 2.5~3위안 정도다. 그러니까 420~500원 정도로 한국 피씨방 가격의 절반 정도 되는 셈인데, 중국인들의 소득 수준을 생각할 때 절대 싼 가격은 아니다. 일반적으로 피씨방에는 보통 최소 100대 이상의 컴퓨터가 있고 규모가 한국의 그것보다 3~4배는 큰 것처럼 보인다(그럼에도 사람이 항상 꽉꽉 차 있을 정도). 쇼파 등 외관 설비는 빵빵한데, 정작 키보드나 마우스 등은 형편없는 경우가 많아 고품격 서비스는 기대하기 어려웠던 것이 또 다른 특징이다.

일본 소고기덮밥 전문점 지예쟈(吉野家)　　　　소고기덮밥을 시켰더니 정말 딱, 소고기+밥이 나왔다

일단은 기차역으로 가서 어제 못 산 표를 사야 하는데, 그전에 요기부터 하려고 한다. 그동안 여행하면서 눈에 많이 들어왔던 일본 소고기덮밥 전문 음식점인 '지예쟈(吉野家)'로 들어왔다. 지예쟈(吉野家)는 아마 일본인이 운영하는 음식 체인점이지 싶다. 1899년 일본 지에(吉野) 산간 지역에서 처음 개점한 이후 계속 발전해서 세계 각국으로 전파되었다고 한다. 일본 정식명은 요시노야(지예는 한자의 중국어 발음)! 이곳 음식의 세트 가격은 24~30위안(3,500~5,000원) 이상으로 상당히 비쌌다.

주문한 소고기덮밥의 단품 가격은 14.5위안(2,500원). 소고기덮밥 말 그대로 소고기+밥인데, 보기엔 이래도(?) 소고기가 짭짜름한 게 맛있다. 소고기는 다 먹고 밥을 많이 남기고 나왔다. 석가장역으로 돌아와 다음 하북성 도시로 가는 표를 사고 다시 나와서 방랑했다. 오늘은 특별한 목적지 없이 도심을 돌아볼 계획이다.

한 골목으로 들어가자 과일 및 잡화를 파는 거리가 끝도 없이 이어졌다. 그 중 가장 많이 파는 것은 단연 과일. 중국인들이 자주 먹는 리쯔

과일 및 잡화를 파는 거리

양귀비가 좋아했다는 리쯔(荔枝)

(荔枝, Litchi)는 본디 중국에서 생산되며, 겉 껍질을 벗겨 속살만 먹는다. 한국 패밀리 레스토랑에서 자주 접할 수 있는 과일이긴 한데, 나는 까먹는 것이 번거로워 별로 안 좋아한다. 그래도 다른 사람들은 좋아하니까… 그보다 나는 초대형 바나나를 하나 샀다. 한 개에 가격이 무려 2위안(350원)이나 했다. 이 밖에 고기, 신발, 빵 등 웬만한 것은 다 파는 분위기다. 저렴한 가격으로 파는 편이라 주변에 사는 사람은 여기서 생필품을 다 해결해도 될 것 같다.

중국 중산층 거주지. 들어갈 때 거주민 확인 절차가 필요하다

이번에는 중국의 KTV를 들어가 보았다. 설문조사에서 중국 대학생들이 그렇게 많이 간다고 답했던 곳이다. 따라서 한 번 들어가 보았는데, 다들 일렬로 서 있어서 들어갔다가 식겁하고 나왔다. 마침 출석? 비슷한 것을 부르고 있을 때였다. 나이트 느낌의 KTV였다. 방을 빌리는 형식이고, 술을 사면 방을 내준다. 가격을 물어봤는데, 제일 싼 방이 100위안이고 2시간 반 사용 가능했다.

중국의 KTV는 노래방? 단란주점?

KTV는 일반 노래방에서 룸살롱에 이르기까지 넓은 개념으로 운영되는 업소라고 볼 수 있을 듯하다. 나는 한 2번 가봤나? 그때는 물론 모두 그냥 노래방으로 간 것이긴 했지만, 안의 분위기라든가 화려하게 꾸며진 조명 등을 보아 다른 활용도에 대해서도 짐작은 가능했었다.

수상공원의 롤러코스터

좀 걸어서 석가장 수상공원에 도착했다(부근에 호수가 하나 있다). 약간 놀이공원 같은 곳인데 목요일 점심시간 때 가서 그런지 사람이 거의 없었다. 이 정도 수준이면 곧 망해도 이상하지 않을 정도. 아무튼 내

귀신의 집. 조악하지만 무서운 곳이었다

가 좀 어려서 '귀신의 계곡'이라고 적힌 곳에 들어가 봤는데(입장료 15위안) 무서워서 죽을 뻔했다. 중국어로 계속 "그만해~!"라고 소리치면서 나왔다. 오, 힘들었어. 다시는 못 갈 것 같아.

중국은 지역마다 지역 고유의 은행이 있는데, 북경이면 북경은행, 남경이면 남경은행, 이곳은 하북성이니까 하북은행이 자주 보였다. 요즘같이 혼란스러운 시대에선 작은 은행이 오히려 리스크가 적을 수도 있으려나? 물론 나는 대마불사라서 무조건 큰 은행, 중국에서는 공상은행이고, 한국에서는 신한은행이나 우리은행이다.

이곳의 지역 은행인 하북은행(河北银行)

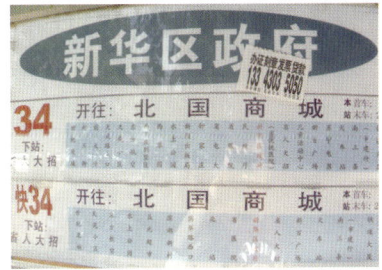
버스 표지판. '구정부' 정거장이다

이곳 석가장에는 3가지 종류의 정부 청사가 있는데 이는 다음과 같다.

구정부(区政府) - 시 안의 군소 지역을 대표하는 정부

시정부(市政府) - 시 전체를 대표하는 정부

성정부(省政府) - 성 전체를 대표하는 정부

중국의 공공 화장실. 아직도 칸막이가 없는 경우가 종종 있다

구(区)와 시(市)는 어느 도시나 있는 것이지만, 성정부는 성별로 딱 하나, 그리고 하북성에는 이곳 하북성의 중심 도시 석가장에만 있다. 오늘은 이곳을 방문해 봐야겠다.

중국 번화가의 감초 KFC

투다리

중국 번화가에 빠질 수 없는 곳이 바로 KFC이다. 이곳 '쩐치아오베이따지에'에서는 마치 나를 계속 따라다니듯이, 돌아다니다 보면 옆에 KFC가 하나씩 있곤 했다. 한국에서는 롯데리아, 맥도날드가 보다 우세하지만, 중국에서는 KFC가 절대 지존이라고 볼 수 있겠다.

성정부를 가기 위해 길을 묻는데, 맘씨 좋은 한 아저씨가 "바로 근처니

1 정부 앞 팻말 시위
2 하북성 성정부 청사

까 데려다 주겠다."며 전동차에 나를 태워 줬다. 사실 꽤 먼 거리였는데 가득 찬 자동차 물결 속을 헤치며 나아가니 성정부 건물이 보였다. 항상 느끼는 거지만 중국 정부 건물은 모두 거창하게 잘 지어져 있다.

이곳은…, 아주 위험했다. 좋은 경험이긴 했지만, 위험했어. 성 정부 앞에는 항의하는 팻말을 써놓고 시위 비슷하게 하고 있는 분들이 있었는데(마치 우리나라 법원 앞에서 하는 것처럼), 내가 이 사람들과 함께 있으면서 사진을 찍고 있으니, 험상궂게 생긴 한 아저씨가 내 카메라를 뺏으려 했다. 어찌나 세게 힘을 주는지 카메라에 걸어 두었던 목줄이 끊어졌다. 나보고 "뭐하는 놈이냐, 신분증 꺼내 봐!"라고 막 소리치는데….

끊어진 카메라 줄

이때, 감히 나의 생명과 같은 카메라를 건들다니…, '내 여행을 이렇게 종결이라도 지을 생각인가?' 몸속에서 손구치는 분노의 3갑자 내공으로 항의의 기관총을 쏴서 KO시키고 카메라를 지켜 냈다. 대충 이런 내용으로 말했었는데, 지금도 기억이 생생하다. "외국인이라 신분증은 없고(신분증 보자고 해서), 관광차 지나가다 정부 건물이 보여서 사진을 찍어 봤다. 여기 앞에 계시는 분들은 딱해 보여서 이야기 나눈 건데 무슨 잘못이 있느냐. 찍은 사진들을 봐라, 다 관광객들이 찍는 사진 아니냐. 왜 내 목줄을 끊었느냐. 개인 사유자산 보상하라." 보상하라는 말이 나오자 아저씨가 말을 못 하더니 슬슬 정부 건물 안으로 들어갔다.

중국 아저씨한테 말싸움으로 이겼다(?). 하지만 사실 나도 식겁해서 급히 나왔다. 아, 목줄 억울해. 사진을 워낙 자주 찍다 보니 카메라에 목줄을 끼우고 어깨에 팽팽하게 걸쳐서 휴대하고 다녔는데, 끊어져서 여간 불편한 게 아니었다. 그러나 돌이켜 생각해 보니 정말 좋은 경험이었다. 사실 이렇게 우악스러운 일을 언제든 겪어도 이상할 게 없는 여행을 하고 있는 것 아닌가.


숙소로 돌아가는 길에 목욕탕 겸 숙박소인 곳을 들어가 봤다(2층은 숙박, 지하는 목욕). 남자는 입장료로 12위안, 여자는 10위안을 내면 되고, 계산은 나오면서 하게 된다. 우리나라 찜질방처럼 열쇠에 서비스 가격을 인식하는 카드가 있어 '안마, 때밀기, 발마사지, 등 밟아주기 등'을 이용하면 가격이 추가되고, 나올 때 정산하는 시스템이다. 목욕탕은 대체로 어둑어둑한 분위기였는데 비누와 샴푸 같은 것은 다 제공되고 욕탕도 다 준비되어 있다. 한증막 비슷한 것이 2곳 정도 있었는데, 온도가 상당히 낮아 우리가 생각하는 것과는 거리가 있었다. 재미있었던 점은, 중국식 안마법으로 하면 35~60위안을 받고, 한국식(韓式) 안마를 하면

3배의 가격인 198위안을 받는다. 한국식 안마가 무엇이기에?

길에서 "아가씨 예뻐요, 따라오세요."라며 구체적으로 가격을 50위안으로 제시한 사람까지, 삐끼를 3명이나 만났다. 빨리 숙소로 복귀해야겠다. 저녁으로 18위안짜리 뤼로우(驴肉), 그러니까 당나귀 고기를 먹었다. 고기가 부드럽고 맛있었다.

오늘 느낀 점은 다음과 같다.

1) 성정부 같은 데서 얼쩡거리면 위험할 수 있다(중국에서 정부의 힘은 정말 대단하다).

2) 석가장은 확실히 별 특징이 없는 도시다.

3) 목욕탕에 가면 여러 가지 기타 서비스가 있다.

4) 중국에는 KFC가 진짜 과도할 정도로 많다. 하루가 이렇게 지나갔다.

중국 석가장의 한 백화점

### 하북성 석가장
## ✈ 중국 사람들은 얼마나 벌까?

오늘은 석가장 시에서의 세 번째 날. 저녁에는 오악 항산(恒山)으로 떠
날 예정이다. 등산을 즐기는 편은 아니지만, 한족의 명산 오악을 근처에
두고 어찌 그냥 돌아갈 수 있으오리까.

아침 일찍 일어나 걷고 있는데, 직업별 월급을 알 수 있는 공고란이 보여 이게 웬 떡이야 하고 살펴봤다. 물론 월급은 대체적으로 상당히 낮았다. 술

일자리 모집 공고

집 보안 자리가 1,200~3,500위안, 식품 공장 1,100~2,800위안, 목욕탕 보조 500~1,000위안(日), 물품 포장 1,500~3,000위안, 판매원 1,300+성과급@, 접합, 목공, 전기공 3,000~5,000위안 등 1,000~4,000위안 수준이다.

대략 단순 노동자는 1,000~2,000위안(17만~34만 원) 정도 받고, 기술자 및 사무직은 2,000~4,000위안(34만~68만 원) 정도 받는 것으로 정리할 수 있을 듯하다. 시골이나 더 열악한 환경의 사람들은 700~1,000위안대(17만 원 이하) 월급으로도 일하고 있다고 한다.

량피(涼皮), 오이식초면

아침으로는 량피(涼皮)를 먹었다. 오이식초면 정도로 생각할 수 있는데,

개인적으로 아주아주 좋아하는 먹거리다. 고추기름에 설탕, 식초, 오이를 넣어 강한 식초와 고추기름 맛이 난다. 달면서도 새콤하다 (3.5위안 거리 구입).

늙으면 괴롭다

기차역 앞에서 구걸하시는 할아버지를 보았는데, 이 할아버지는 바닥에 아주 장문의 글을 적어 놓았다. 글씨가 아주 정연한 것이 명필이다. 바닥의 글을 읽어 보면 대략 이렇다. "늙으면 괴롭다. 나도 젊었을 때 늙은 사람 싫어했는데, 늙고 나니 괴롭다. 도와주고 복 많이 받으세요 오래오래 사시고~."

글을 읽으며 마음속 한 편이 짠해지는 순간 저 멀리서 쵸또우푸(臭豆腐)의 악취가 나서 자리를 벗어났다. 쵸또우푸(취두부)는 새우 등 해산물을 발효시킨 썩는 냄새가 찌를 듯한 소금물에 두부를 오래 담가 아주 말랑말랑한 썩은 떡(?)을 만든 뒤 이를 튀겨 먹는 먹거리다. 이것이 출현하면 전후방 50m는 썩은 냄새로 진동을 한다(물론 개량으로 냄새가 덜한 것도 많이 있음).

그리고 나는 인근 백화점에서 그동안 계속 구매하려 했었던 이동식 하드디스크(160기가)를 구매했다. 가격은 350위안(6만 원 수준). 브랜드가 삼성이라 믿음이 간다.

중국 석가장의 한 백화점

추가적으로 영화표를 하나 샀는데, 영화 끝나는 시간이 오후 6시 50분으로, 다음 도시로 가는 기차 출발 시간까지는 딱 33분의 여유만 남는 다. 영화가 끝나는 대로 기차를 타기 위해 뛰어갈 생각이다.

중국은 공사중. 해가 다르게 모습이 변해 간다　　아파트 시공은 항상 높게!

백화점에서 나와 버스를 타고 그냥 종점에서 내린 뒤 돌아다녔다. 종점 부근은 정말 황폐했다. 남은 하루를 돌아다녔으나 역시 이 도시에서는 새롭게 볼 만한 것을 찾지 못했다.

지나가다가 초등학교에서 조금 무시무시한 문구를 봤다. '음, 물론 무시 무시하다는 건 내 관점일 수도 있겠군.' 소개하자면, "당 조직의 정치적 핵심 작용을 발휘하여 학교의 과학적 발전을 이루어 내자(发挥党组织政治核心作用, 促进学校科学发展)." 정도가 된다. 초등학생한테 무슨 당 조직의 핵심 작용을 발휘할 것이 있을 것이며, 공산당과 학교의 과 학적 발전은 또 무슨 상관 관계가 있을 것인가? 중국 하면 이미 자본주 의화된 국가처럼 많이 이야기하지만, 여행을 하면서 여러 모로 중국이 사회주의 국가임을 떠올리게 되었다.

오랜 만에 한가로이 걷다 우연히 신문을 읽어 보았다. 첫 면에서 '중국 의 호적 등록이 되지 않는 아이들(黑户孩子)'에 대한 기사를 다루고 있

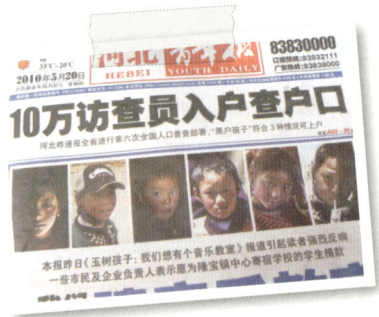
헤이후하이즈(黑户孩子)에 관한 기사

었다. 중국 정부가 산아제한을 위해 '한 가정 한 자녀 정책(计划生育政策)'을 시행한 이후 가난한 가정집에서는 둘째를 낳았을 때 높은 벌금을 피해 정부에 출생 신고를 하지 않기 시작했는데, 정책이 시행된 1980년으로부터 약 30년이 흐른 지금 이들의 숫자가 어마어마해져 사회의 심각한 문제로 대두된 것이다.

중국인으로 중국에 살면서 호적이 등록되지 않는 기묘한 삶. 그들은 정상적으로 교육을 받거나 일자리를 가질 수도 없었을 것이다. 신문에서는 이들이 일부 조건을 만족시키면 호적을 발급한다는 내용의 기사를 소개하고 있었다(다행히 한 가정 한 자녀 정책은 2013년 이후로 완화될 방침이다).

반멘(板面). 면이 대단히 넓다

점심 겸 저녁으로는 반멘(板面)을 먹었다. 중국인들은 면을 잘게 썰어서도 먹지만 이렇게 초대형으로 굵게 해서도 먹는데, 면이 굵은 것 외에 맛에는 큰 차이가 없다(같은 맛이어도 대단히 다양한 방법으로 요리를 하는 나라다). 대충 매운맛과 중국 향이 특징이라고 할 수 있겠다(3.5위안). 밥을 먹고 나는 곧바로 영화관으로 향했다. 영화관 수준은 역시 나쁘지 않았으나, 관람하는 사람이 여기도 15명이 채 안 되었다. 지금까지 가본 영화관들은 보통 30명 이하. 영화를 보고 난 뒤 나는 미친 듯이 뛰쳐나와 택시를 타고 5분 만에 기차역 앞까지 왔다. 사전에 한 번 예행 연습(?)한 보람이 있었네.

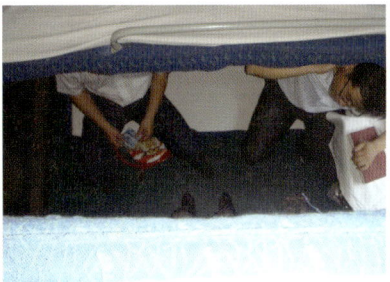

침대칸 기차

다음 목적지인 따통(大同)은 여기서부터 조금 시간이 걸리는 관계로 일반 좌석이 아닌 침대칸 좌석을 예매했다. 상, 중, 하 3개 칸 중에 나는 맨 윗자리인 상(上) 표를 가지고 있었다. 아래를 내려다보면 위치가 꽤 높다. 이제 오악 항산이 기다리는 따통(大同)으로 고고씽~! 자꾸 여기저기 가고 싶은 욕심이 생기는데…, 시간과 돈이 문제지.

# 중국에서의 상담(商談) 시 알아 둘 것들

'중국은 큰 나라이고 사업의 기회는 무궁무진하게 열려 있다.' 이제 식상하게 들리는 이야기지만, 역시 맞는 말이다. 그러나 14억 중국인들이 그렇게 호락호락할 리가 없다. 아무리 좋은 아이템이 있어도 5,000년의 상인 역사를 가진 그들 무림에 들어가려면 떨리는 것이 사실이다.

'중국 진출을 위해 나는 어떠한 제언을 해줄 수 있을까?' 하고 고민하다가 그동안 여러 책들을 통해 배우고 개인적으로 느낀 점들을 아래와 같이 정리해 보았다.

## 1. 술자리에서

• 행사를 주관했을 경우 테이블을 돌면서 건배 제의를 한다.

• 술을 권하고, 권함을 받으면 '請~' 으로 예를 갖추어 서로 권한다.

• 술자리에서 비즈니스를 논하지 않는다.

• 친구가 되어 기쁘다며 건배를 제의한다.

• 가난하다, 돈이 없다는 우는 소리를 하지 말라.

## 2. 협상할 때

• 지나친 열정을 보이기보다는 다른 곳도 간 보고 있다는 인상을 주라.

• 진지하면서도 여유 있는 모습을 유지하라.

• 항상 부드러움을 유지하라.

• 대접을 잘 받으면 더 긴장하라.

• 친구를 늘려 가라. 관계를 팔아라.

• 담배를 못 피우더라도 권하면 일단 받아라.

• 선물은 브랜드 이미지가 있는 것으로 한다(고려인삼, IT 기기, 향수, 화장품).

• 중국을 낮춰 말하는 것은 절대 금기(정치, 역사, 영토).

• 서명 전까지는 절대 안심하지 마라.

• 줄 수 있는 것을 정하고 생색 내라.

• 경솔하게 사과하지 않는다. 중국식으로 잡아뗀다.

• 큰 돈거래는 한국인이 직접 하고 프로세스를 직접 조사한다.

## 3. 사회 생활

• 선물은 가정을 방문해 조용히 건넨다.

• 신의를 강조한다.

- 임금 교섭〉적자 경영〉외국인 퇴출의 고리를 조심할 것.
- 이익은 중국 민간, 관방과 나눈다.

## 4. 중국 마케터로서 알아야 할 것들

- 중국 시장은 소비 양극화와 신 소비층의 등장, 빠른 도시화가 특징이다.
- 자산규모 1,000만 위안(18억 원) 이상의 중국인 100만 명을 잡아라.
- 급속한 경제발전과 졸부의 소비 행태에 자극받아 고급 선호 경향이 있다.
- 중국의 녹색 성장은 국제사회 비난 인식과 체감하는 환경오염으로 인한 것.
- 중국인의 40%는 농민이고, 15%는 공장 노동자라고 볼 수 있다.
- 도시 발전도는 상하이〉베이징〉광저우〉심천〉쑤저우〉텐진〉충칭 순.
- 브랜드가 차별성을 잃으면 일용품화될 수 있다(가격 판촉 등 경계).
- 선망의 대상이 되고, 과시 가능한 가치를 제공하라.
- 소비자에게 끌려 다니기보다는 소비자를 매혹하라.
- 자부심을 최대한 고양시킬 수 있어야 한다.
- 중국의 30대인 80后가 '자동차, 가전, 여가' 등 소비를 주도하고 있다.
- 중국의 20대인 90后는 선진기술, 특히 IT 기술에 몰입하며 소비가 대범하다.
- 중국 에어컨 시장 강자는 格力와 美的이다.

- 세탁기 냉장고 부문에서 가장 강력한 기업은 海尔이다.
- 중국 데스크탑 시장의 절대 강자는 Lenovo이다. 저가 공세가 거침없다.
- 중국 도시는 직할시〉성급 도시〉지방 도시〉현급 도시 등으로 구분 가능하다.
- 성공한 한국 기업으로 초코파이, 이랜드, 락앤락, 넥슨, 아모레퍼시픽 등이 있다.
- 고급 이미지 리포지셔닝(repositioning) 전략으로 중국 시장을 뚫자.
- 중국 소비자들은 이웃과 비교하는 경향이 있다(체면).
- 상위 중국 소비자들은 우수 수입 제품을 선호한다.
- 중국인들은 가전, 자동차의 경우 고급 브랜드(신뢰성)를 선호한다.
- 중국인들은 구매 전에 주변 사람들에게 자문을 구한다.
- 지역별 소득 수준 차이가 크기 때문에 잘 팔리는 물건이 다르다.
- 적절한 브랜드 네이밍(naming)과 중국 스타를 통한 긍정적 이미지 구축은 필수다.
- 중국인들의 자존심을 절대 건드려서는 안 된다.

# 중국 산서성(山西)대동(大同), 타이위안(太原)

인구 3,593만 명(2011)
지역총생산 12,112억 위안(2012)
면적 15.6만 제곱 킬로미터 (남한 면적의 약 1.5배)

〈통계 출처: 『Baidu 백과사전』〉

## 역사 문화

산서성은 황하 유역 문화를 대표하는 지역 가운데 하나로, 고대 사적에 따르면 요순우 시대 도읍지가 있었던 곳이라고 한다. 역사적으로 잘 알려진 관우, 백거이, 사마광, 나관중 등이 이곳 출신이며, 한(漢), 당(唐) 때 크게 번성했고 한때 금융 중심지였으나 현재는 석탄 채굴 등 낮은 차원의 업종이 주를 이루고 있다.

아름다운 항산의 절경

산서성 대동
✈ **오악 항산(恒山)과 떠 있는 절 현공사(懸空寺)**

따퉁 시에 온 것은 오악(五岳) 항산(恒山)에 오르기 위해서이다. 오악은
중국 한족의 5대 명산을 말하는데, 각각 동서남북 그리고 중앙 이렇게
5곳에 위치해 있다. 그 중에 가장 북쪽에 위치해 있고 가장 높은 산이

지금 찾은 항산(2,017m)이다. 새삼 느끼는 것이지만 5악이라는 것의 동서남북 개념은 지극히 한족적인 것이고, 현재 확장된 중국(55개 소수민족 병합)에 적용하기에는 무리가 있어 보인다.

외국인 패키지 관광객

명산이라는 소문을 듣고 패키지로 관광 온 외국인들이 많이 보인다. 나는 도착하자마자 다음 목적지인 산서성의 정부 소재지 타이위안(太原, 태원) 행 표를 샀다.

새치기의 현장

줄을 서 있는데 새치기가 장난이 아니었다. '아, 진짜 공공질서 좀 잘 지켰으면. 적어도 이런 데서 이러시면 안 됩니다.' 공공장소에 대한 도덕 수준이 상당히 떨어지는 사람이 많다 중국 전체를 비판하고 싶다기보다는, 그런 사람이 많음. 어찌나 끼어들기가 심한지, 서 있던 줄의 업무가 마비될 정도다. 앞에 끊임없이 새치기 및 끼어들기를 노리는 악당들이…, 나를 수없이 도발하고 있었다. 다들 사정이 있어도 어쩔 수 없이 차례를 기다리는 건데….

도착한 시간이 아침 6시경이었던 관계로 밖은 대단히 한적했다. 근처의 운강석굴은 유명한 관광지이긴 하지만 포기하고, 항산과 부근에 있는 쉬안콩스(懸空寺, 현공사)만 갈 것이다. 이곳은 기차역에서 거리가 상당

대동기차역 앞 모습

히 멀어 장거리 버스를 또 타야 했다. 먼저 숙소를 구했는데, 역시 촌
동네라 가격이 상당히 저렴하다. 50위안에 상당히 맘에 드는 숙소를 구
할 수 있었다.

항산으로 가는 버스안에서

짐을 내려놓고 바로 버스 터미널로
이동해 항산으로 가는 버스를 탔다
(표 값은 24위안). 대략 80km 가까
이 접근해야 하니까 가격은 뭐, 적
당하다. 탑승 후 20분 정도 뒤에
움직였는데, 이곳 저곳 몇 번 멈
춘 뒤 승객을 더 받고 본격적으로 항산을 향해 떠났다.

2시간 정도 후인 오전 11시 50분경에 도착하여 점심으로 따오샤오멘
(刀削面)을 먹었다. 이 따오샤오멘(刀削面)을 만들기 위해 요리사는 한

따오샤오멘(刀削面)을 만드는 과정　　　　산서성의 별미 따오샤오멘(도삭면)

손에는 커다란 밀가루 덩어리를, 다른 한 손에는 대패 같은 칼을 들고 덩어리를 밀어 베는데, 잘라진 면 조각들이 그대로 냄비에 골인하여 면으로 승화(?)된다. 간단히 생각하면 일종의 수제비 정도라고 할 수 있겠다. 지역별로 조리법이 달라서 그냥 면이 굵은 국수 같은 느낌이 날 때도 많다. 참고로, 이곳 산서성 따오샤오멘(刀削面)을 정통으로 쳐준다. 이는 북경의 자장면, 사천성의 딴딴멘(担担面)과 더불어 최고의 면식으로 꼽히기도 한다.

쉬안콩스(悬空寺) 부근의 항산 모습

여기 표지판에는 '쉬안콩스(悬空寺, 현공사)까지 2km'라고만 되어 있어 걸어가면 되겠다 싶었다. 나는 무작정 앞으로 걷다가 '이건 사기다'라는 것을 깨닫고 택시를 타기로 했다(20km를 2km라고 잘못 쓴 것은 아닐까?). 첫 번째 택시가 왔다. 택시 기사는 가격이 무조건 15위안으로 고정되어 있다고 말했다. '이건 또 무슨 등쳐먹기?' 하는 생각에 그냥 보냈는데, 두 번째 택시 기사도 똑같이 15위안을 불러서 그냥 탔다. 여기는 촌이라 택시 기본료가 5위안이다. 그리고 실제로 5위안이면 갈 거리를 3배나 불러 받고 있었는데, 이것이 바로 관광지 특수 아니겠는가?

버스가 있었으면 좋으련만 버스는 찾아보기 힘들고, 내릴 때는 택시 기사로부터 더 무서운 이야기를 들었다. 쉬안콩스에서 항산까지 가는 데 또 거리가 상당히 있어 택시를 타게 될 것이고, 그 가격은 무려 30위안이라는 것! 항산 들어가는 표 값 55위안은 따로 있고…. 그럼 도대체 총합이 얼마지?

쉬안콩스(悬空寺), 공중에 떠 있는 사찰

쉬안콩스를 한국말로 읽으면 '현공사'가 되는데, 이는 공중에 떠 있는 절이라는 뜻이다. 지금으로부터 1,500년 전인 북위(北魏) 시대 때 건축 되었다고 하며, 중국에서 유일하게 불가와 도가, 유가의 특성이 융합된 사원이라고 설명되어 있다. 다만 아무리 좋은 절이라도 표 값 130위안 주고는 못 들어가겠다. 여기 오기 전에 한 아저씨가 절대 쉬안콩스 표 사고 들어가지 말라고 말하기도 했었다. "별로 볼 것 없다."면서…. 그 래, 나는 항산에 가겠어! 멀리서 사진만 찍고 떠나는데, 정말 묘하게 짓 기는 했다. 암벽에 나무 기둥을 이어 건물의 무게를 지탱하고 있다.

절에서 산까지 가려면 또 한참을 가야 하는데, 날이 어두워지면 더 손해 라서 그냥 택시를 타기로 했다. 택시 기사는 처음에 50위안을 불렀다가, 내가 걸어간다니까 40위안, 그 담에 35위안으로 다시 내렸다. '음, 더 깎을 수도 있겠지만 아저씨도 장사는 해야지.' 하고 흥정을 한 뒤 택시에 탔다.

아름다운 항산의 절경

항산 입장권(?)을 다시 55위안에 구입하고 나서 뒤돌아 생각해 보니, 지금까지 버스비 24위안+택시비 50위안+표 값 55위안으로, 도합 129위안이 들었다. 벌써 2만 원 깨졌는데 내려갈 때도 30위안 내고 돌아갈 버스비도 드니까, 항산 행에 최소 3만 원 이상 드는 셈이다.

이곳은 무서운 곳이었다. 항산의 웅장함에 놀란 것이 아니라, 따통에서 조금 떨어진 곳에 위치한 이 시골 마을의 헝그리 정신과 관광객 호구 잡기 정신에 놀랐다. '마을 경제가 이곳에 의존하는 비율이 높기 때문이겠지.' 나는 기운을 차리기 위해 아이스티(冰红茶) 한 잔을 마시고 산에 올랐다.

항산의 사원들은 불교 사원인지 도교 사원인지 알 수가 없게 되어 있었다. 사원 내에 부처상과 도교적 요소를 띤 신상들이 혼재해 있었는데, 이게 앞서 설명했던 불교와 도교의 융합인 듯하다. 사원 내에는 자칭 도사라는 분도 계셨는데 공덕함(功德箱)이 인상적이다.

마신(말의 신)을 모시는 사원          공덕함과 도사

산을 오르는데 한 외국인이 혼자 어
슬렁거리기에 말을 걸어 보았다. 이
외국인은 러시아인으로 이름은 뤄
만이라는데, 역시 서양인이라 유쾌
하고 다리가 길다. 중국어는 전혀
못 하고, 일행들과 같이 중국 명산

러시아인 뤄만

들을 여행 다니고 있는 중이라고 한다. 이 아이 덕분에 오랜 만에 중국
에서 영어를 쓰게 되었다.

산 위에는 사원이 대단히 많았는데, 침궁부터 시작해서 헝종뗸(恒宗
殿), 옥황상제, 관우 사당에 이르기까지…, 각각의 사원 이름도 대단히
복잡하다. 사원에서 향 냄새를 좀 맡다가 나왔는데, 뤄만이 일행을 찾
아야 한다고 해서 다시 내려가기로 했다. 우리는 원래 만났던 자리로
돌아와서 헤어졌다. 둘 다 필기 도구가 없어서 아쉽게도 이메일도 교환
못 하고 그냥 바이바이. 흑흑.

1 항산에는 사원이 대단히 많다
2 사원 하면 빠질 수 없는 길다란 향불들

아름다운 항산의 절경

항산에서 제일 높은 곳에 위치한 것으로 보이는 후이쎈푸(会仙府)까지 갔다가 내려오는 길에 개미가 아주 거멓게 모여 있는 것을 보았다. 이렇게 많은 개미들이 한 자리에 있는 것은 또 처음 보는 것이라서 신기하여 들여다보았더니, 한참 개미들끼리 전쟁 중에 있었다. 싸우는 것이 너

아름다운 항산의 절경

무 치열하여 안타까웠다. 몸이 잘리고 서로 엉겨 붙어 있는 모습이 섬 짓할 정도였다.

이렇게 항산 행은 여기서 막을 내렸다. 다시 택시를 타고 내려가 장거 리 버스를 탄 뒤 숙소로 복귀하는데, 가는 길에 비가 많이 내렸다. 그 래도 내가 산행 중일 때 내리지 않 아 고마운 하루였다. 오늘 최대 수 확은 밀가루 덩어리를 대패 같은 연장으로 밀어 따오샤오몐을 만 들고 있는 모습을 포착한 것, 바 로 그것이다! 내일이 기다려진다.

시골이라 주거지가 허름하지만 공원 조성은 잘되어 있다.]

산서성 대동
더러운 도시, 노상 방뇨만 3번!

오늘은 따통(大同, 대동) 시를 한 번 돌아볼 계획이다. 비록 시골 동네 지만 오히려 이런 곳을 봐두어야 진짜 중국을 보았다고 말할 수 있을지 도 모르겠다.

역시 아침 일찍 나와 걷는 것으로 또 하루를 시작했다. 도로를 걷고 있는데 주유소가 보인다. 주유소 기름 위에는 90#, 93#, 97#, 99# 이런 글자가 적혀 있는데, 이는 옥탄가(옥탄 수치)를 알리는 표시다. 일반적으로 옥탄가가 높을수록 좋은 기름이라고 알려져 있다. 한국은 91~95 정도 수준으로 쓰고 있다고 한다. 지역, 지점별로 다르겠지만 참고할 만한 가격은 다음과 같다. 가솔린 90# 1리터 6.1위

중국의 주유소

지나가다 1위안에 사먹은 쭝즈(粽子)

안, 가솔린 93# 1리터 6.58위안, 가솔린 97# 1리터 6.95위안, 디젤 1리터 6.42위안(옥탄가가 높을수록 비싸다).

기차역 부근을 지나가는데, 보통 기차역 앞이면 으리으리한 호텔 몇 개에 쇼핑 장소가 있어야 한다. 그런데 이곳은 사람이 많이 드나드는 기차역치고 지나치게 황량했다. 하다못해 KFC 하나라도 근처에 있어야 할 것이 아닌가? 내 화장실 체인점!

얼떨결에 아이스크림 하나를 샀다(참고로 나는 콘으로 먹는 아이스크림이 싫다). 지나가는 상가마다 쉬에까오(雪糕)라고 여기저기 쓰여 있기에, 무슨 이곳 특산 빵 인가 하고 상점에 들어가서 "쉐에까오 어디 있

딱 봐도 맛있어 보이지
않는 아이스크림

냐?"고 물어서 산 것이다. 알고 보니 쉐에까오는 그냥 아이스크림을 부르는 명칭이었다.

보면 지역별로 유독 잘 쓰는 말들이 있는 것 같다. 워낙 땅 덩이가 넓다 보니…. 예를 들면 하얼빈에는 유독 창마이(仓买)라는 푯말의 작은 상점들이 많았는데, 다른 지역에서는 보기 힘든 사례다. 창마이(仓买)는 작은 상가를 의미한다.

부근에서 한 삔괄을 찾아 가격을 물은 뒤 손을 씻었다. 맥도날드랑 KFC가 하나도 없어서 이렇게 할 수밖에 없었다! 나의 화장실 체인점들을 찾을 수가 없다.

이봐, 죽은 건 아니지?

돌아다니는데 보는 곳마다 엄청나게 더럽다. 그리고 처음으로 길거리에서 그냥 X를 보고 있는 꼬마 아이를 보고 식겁했다. 또 쓰레기 더미에는 웬 개가 누워 있는 것이 아닌가? 죽은 건지 살아 있는 건지 잘 모르겠다.

인근 거주 지역

이곳에서도 공사가 한창
진행 중이다

인근 한 거주 지역에서는 튀긴 닭이랑 과일, 꼬치 등을 팔고 있다. 좀
낡았다는 느낌을 지우기 힘든 이 지역에서도 한참 공사가 진행 중이었
는데, '사람을 근본으로(以人为本)'라는 슬로건이 눈에 띈다. 이는 중국
공산당 제16차 중앙위원회 전체 회의에서 후진타오 전 공산당 주석이
내세운 슬로건으로, 과학 발전관과 더불어 여기저기서 쉽게 볼 수 있는

표어이다.

칭쩐(淸眞)은 할랄을 의미한다.

빵을 하나 사서 먹었다. '칭쩐뻬이즈(淸眞焙子)'라는 신기하게 쓰여 있는 이름 때문이었다. 일단 뻬이즈(焙子)는 약한 불로 찐 빵을 말하고, 칭쩐(淸眞)은 돼지고기 등을 먹을 수 없는 이슬람인들을 배려하는 문구로 할랄을 의미한다. 1위안에 설탕이 듬뿍 들어간 빵을 주는데, 건조한 것이 맛이 없었다(나중에 신장 자치구에 갔을 때 이 칭쩐(청진)이라는 문구를 징하게 보았다).

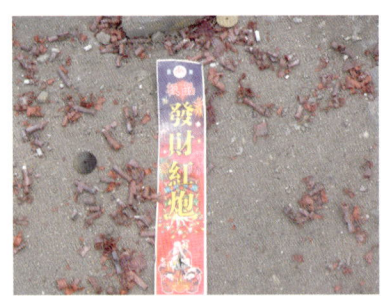

폭죽의 잔해들

중국에서 잠을 잘 때면 폭죽 소리에 시끄러워 죽을 것 같을 때가 종종 있다. 중국인들의 폭죽 사랑은 이미 유명한 이야기이지만, 법으로 금지해서 터뜨리지 말라는데도 명절 때면 하루 종일 터지는 소리가 난다. 폭죽에는 '돈을 불러 들여오는 빨간 폭죽'이라고 쓰여 있었다.

나는 나름 번화가로 보이는 곳에서 신화서점(新华书店)을 찾아 들어갔다. 이곳은 중국 최대, 최고 서점으로서 한국으로 치면 교보문고 정도 되겠다. 중국 공산당 중앙 선전부 아래에 있는 국가 서점으로, 전국적

중국의 교보문고 신화서점(新華書店)

으로 14,000개 이상 지점이 분포해 있다고 한다. 다만 서점 안에 아무도 없는 것이…, 따통 황량함이 너무 심한 걸? 나는 이곳에서 바둑 입문서에 이어 중학생이 읽음 직한 물리책 한 권을 구입했다. 기차 이동 시간에 심심풀이로 보기에 그만이거든(10위안).

도시에서는 공사가 실로 한창이었다. 성과 성벽을 아예 통째로 만들고 있었는데 엄청난 대공사. 상당히 큰 성벽이 될 것 같다. 완성되면 무슨 성이라고 이름 붙이고 역사적 고증을 들이댈지는 모르

성과 성벽을 만드는 공사가 진행 중이다

겠는데, 아무튼 제대로 관광지가 될지도? 가능성의 나라 중국을 보고

중국의 길거리 문화는 좋은데 청소가 제대로 안
된다

있다. 이걸 보고 생각났던 도시는 바로 서안이다. 서안은 진시황릉(兵马俑)과 오악 중 하나인 화산(华山)이 있는 도시로도 유명하지만, 도시 전체가 성벽을 둘러싸인 하나의 성이기도 하다.

점심 겸 저녁으로는 별 특징 없는 챠오딴판(炒蛋饭, 계란 볶음밥)을 먹었는데 5위안밖에 안 했다. '따퉁이 시골인 만큼 물가만큼은 확실히 싸네.' 북경이었으면 7~10위안 했을 테니까. 이 날은 오후 들어 먼지와 함께 6급 강풍이 몰아쳤는데 강도가 상당했다(급수가 높아질수록 강한 바람. 7~9급은 재난 수준). 세워 놓은 자전거들이 모두 넘어져 있다. 이런 날씨에 고철 덩어리라도 바람에 날려와서 맞게 되면 크게 다칠 것 같다.

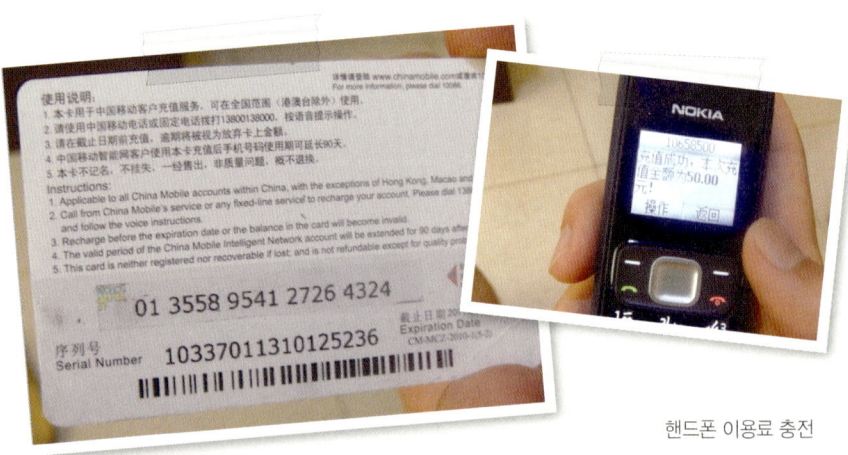
핸드폰 이용료 충전

중국은 핸드폰 구매 후 일반 상점이나 핸드폰 판매점 등의 장소에서 판매하는 '이용료 충전 카드'를 통해 50위안, 100위안과 같이 사용 가능 금액을 늘릴 수 있다. 오늘 나는 50위안짜리 카드를 사서 핸드폰을 충전했다(카드 뒷면에는 이용료 충전을 위해 걸어야 하는 전화번호와 긁었을 때 나타나는 카드의 고유번호가 있다. 뒷면에서 시키는 대로 전화를 걸어 충전하면 충전에 성공했다는 문자가 날아온다).

오늘 하루를 마감하며 가장 인상 깊었던 일을 생각해 보니 바로 이 시골 마을의 '노상 방뇨' 문화이다. 하루 만에 3명이 내 눈앞에서 같은 일을 반복했다. 문화적 상대성, 지역 사람들이 살아가는 방식…. 그러나 어쩔 것인가? 이해가 가지 않는 걸. 오늘 하루는 이렇게 마무리되었다.

타이위안(太原) 기차역

산서성 타이위안
## 중국 정부 기구와 모리화차(茉莉花茶)

오늘도 역시 기차를 무난하게 타러 오지는 못했다. 어제 또 늦게(새벽
2시?) 자서 오전 7시 45분 기차를 타기 위해 잠을 좀 설쳤다. 1시간 간
격으로 깨다가, 핸드폰 알람을 6시에 듣긴 했으나, 끄고 한 시간 더 자

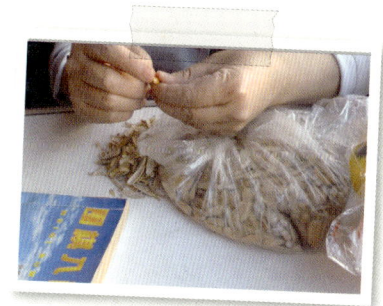

산서성은 평균 해발고도가 약 1,300m이다

다 7시에 일어나 부리나케 기차역으로 달려갔다. 무사히 골~인!

이곳 산서성(山西城)은 대부분 산지와 언덕으로 이루어져 있다. 평균 해발고도가 1,000미터도 넘는 곳이

기차를 타면 꽈즈(瓜子)를 먹는 중국인을 흔히 볼 수 있다

다 보니, 따통에서 타이위안으로 가는 길을 보면 계속 산들이 이어져

있는 것을 알 수 있었다. 종종 산을 뚫어 만든 터널도 통과한다.

기차를 타면 이런저런 생각을 하게 되는데, 특히 잉쭤라고 불리는 90도의 단단한 좌석에 앉아 있으면 더욱 그렇다. 한 6시간 동안 꼼짝 못 하고 앉아 있었더니 정신이 혼미할 정도로 피곤해졌다. 잉쭤에 익숙해지려면 내공을 더 많이 쌓아야겠다고 생각했다(정신을 놓아 버리는 기술을 시전해야 한다). 이 기차는 최고속 120km에 평균 80km 속도로 달리고 있었다. 천진-북경 330km를 생각하면 기어가는 속도 아닌가.

타이위안(太原) 기차역 부근 모습

드디어 도착한 타이위안(太原, 태원). 상쾌하지만 너무 피곤해진 상태였다. 산서성이 주로 산에 둘러싸여 있기는 해도 성정부가 위치한 중심지역인 만큼 상태가 양호하다, 번화한 편이라는 말이다. 숙소는 기차역 바로 앞에서 삐끼를 따라 60위안에 컴퓨터, 화장실 딸린 방을 잡았다. 여기서 이틀을 묵을 예정이다.

꿍바오지띵(宮保鸡丁).
북방의 대표 요리이다

점심으로는 꿍바오지띵(宮保鸡丁, 공보계정)을 먹었는데, 이는 대표적인 북방 요리로 땅콩과 잘게 썬 닭고기 덩어리가 특징이다. 고추와 기름이 듬뿍 들어간 이 요리는 한국인의 입맛에도 대체적으로 맞는 편이나, 지역별로 아주 짜거나 느끼하게 조리하는 경우도 있다(이 경우는 맛없음). 고기가 들어가므로 가격은 보통 15~20위안 정도 한다. 여기서 나는 16위안을 내고 먹었다.

중식 햄버거 찌아로우빙(夹肉饼)

거리에서 장기를 두고 있는 중국인들

도시를 조금 돌아보기 위해 버스를 탔다. 버스비는 지방 도시답게 당연히 1위안! 이곳 버스 손잡이에도 다들 광고란이 붙어 있다(손잡이뿐만

버스 안에서 다양한 광고지들을 볼 수 있었다

아니라 전반적으로 보다 대담한 마케팅 수단을 강구하는 나라다). '합리적인 것일 수도 있겠군.' 하면서 혼자 끄덕이고 있는데, 한 청년이 노인분에게 자리를 양보했다. 처음에는 매우 의외였지만 이제 이런 모습도 자주 보게 되어 꽤나 익숙해진 상태였다.

1 다양한 중국 차들
2 꽃차의 대표 주자 모리화차(茉莉花茶)

버스에서 내린 뒤 여기저기 돌아다니다 차를 파는 집이 눈에 들어왔다. 차에 대해 좀 공부해 볼 생각으로 들어갔다. 모리화차(茉莉花茶)를 보고 있는데 주인 아주머니가 다가와 이것 저것 설명해 주셨다. 와우~.

여기서 설명을 듣고 개인적으로 조금 찾아본 내용을 공유하면, 차는 크게 녹차, 홍차, 우롱차, 백차, 황차, 흑차, 재가공 차로 나눌 수 있는데, 대표적인 차는 다음과 같다.

녹차(绿茶)=서호용정(西湖龙井), 모첨(毛尖, 벽라춘(碧螺春)

홍차(红茶)=전홍(滇红), 의흥홍차(宜兴红茶)

우롱차(乌龙茶)=문산포종차(文山包种茶), 철관음(铁观音), 무이대홍포(武夷大红袍)

백차(白茶)=백모단(白牡丹), 백호은침(白毫银针)

황차(黄茶)=몽정황아(蒙顶黄芽), 곽산황아(霍山黄芽)

흑차(黑茶)=보이차(普洱茶)

이 밖에 재가공한 차(再加工茶)가 있다. 대표적으로 꽃잎차(花茶)가 있고, 그 중에서도 모리화차(茉莉花茶)가 유명하다. 참고로 녹차와 홍차, 그리고 우롱차의 차이점은 발효 여부이다. 그냥 찻잎을 끓여 먹는다면 이것이 녹차, 이를 잎을 발효시켜 마시면 홍차, 반만 발효시켜 먹으면 우롱차가 된다. 나는 여기서 우롱차(철관음) 10위안어치와 재가공 차(모리화차) 5위안어치를 샀다. 조금씩 천천히 마셔 보며 차이를 배워 나갈 생각이다.

롱탄(龙潭) 공원 1

롱탄(龙潭) 공원 2

다음으로 나는 타이위안 시 중심가에 위치한 롱탄(龙潭) 공원에 도착
했다. 넓은 호수 가운데는 호수를 지나갈 수 있는 다리가 있어 절경을
이루고, 또 배를 탈 수 있게 되어 있었다. 이 밖에 삼림 조성도 잘되어
있고, 무료로 이용할 수 있는 공원인지라 많은 사람들이 나와서 한가로
운 시간을 즐기고 있었다. 일부는 연을 날리고, 어떤 아저씨들은 땅바
닥에 물로 글씨를 쓰기도 했다.

부근에 이곳 타이위안의 성정부와 성정협이 있어서 잠시 구경했는데, 일
전에 내 카메라 줄을 뜯은 험악한 아저씨가 생각나서 조금은 조심스러
웠다. 여기서 성정협이 무엇인가에 대해 비유를 통해 알아보도록 하자.

위원회(委), 한량아빠 : 아무것도 안 하고 규율을 통해 주위 사람들을 교육.

정부(政府), 엄마 : 잡다한 일을 하며 가끔 아빠(위원회)에게 혼남.

인대(人大), 가부장 할아버지 : 빈둥거리며 아무것도 안 하지만 절대 권력.

정협(政协). 할머니 : 시끄럽게 떠들어 대지만 누구도 들어 주지 않음.

기율위원회(纪委), 아들 : 아빠, 엄마를 감시하지만 지도를 받음.

천주교 성당. 천주당(天主堂)이라고 쓰여 있다

그러니까 간단히 말하면, 정부(엄마)가 일을 다 하고 그걸 위에서 위원회(아빠)가 지도하는데, 이를 아들(성기율위원회)이 지켜보고 있는 것이다. '문제가 있으면 할아버지에게 알려야겠지?' 인대와 정협은 위치상 가장 높으나 실제 개입하는 일은 별로 없는 듯하다(매 도시에는 위원회, 정부, 인대, 정협 청사가 있다).

성정부까지 찍은 뒤 버스를 타고 숙소로 돌아가다가 천주교 성당이 보여서 내렸다. 이곳은 또 어떤 곳일까? 그냥 관광지 혹은 진짜 성당? 결론적으로는 둘 다 해당된다고 할 수 있을 것 같은데, 살펴보니 '성급문물 보호 대상'이라고 쓰인 팻말과 함께 수십 명의 신자가 미사를 보고 있었다. 성당 이름은 다소 시시하게 '타이위안 천주교당'이었는데, 한국 성당이나 교회 이름이었다면 무언가 비전 등을 제시한 이름이었을 것이다. 이곳 중국에서는 대체로 도시, 지역 명이나 방향 같은 걸 따서 이름을 많이 짓는다. 규제가 있는 것일까? 아무튼 오늘도 하루가 이렇게 다 지나갔다.

아름다운 항산의 절경

**산서성 타이위안**
✈ 순양궁(纯阳宫)의 여동빈

내일이면 나는 한국인들에게 삼국지 황제의 성으로 잘 알려진 '낙양(洛阳)'으로 간다(씬난다~). 오늘도 매표소는 사람으로 바글바글~. 표를 사고 밖으로 나와 수박 한 덩이를 사먹으며 길을 걸었다. 오늘은 춘양꿍

(纯阳宫, 순양궁)과 쩐츠(晋祠)를 방
문할 계획이다.

걷다 보니 눈앞에 계생용품(计生用
品)이란 푯말이 보였다. 이는 '계획
생육보건용품(计划生育保健用品)'
의 줄임말로서 이해하기 쉽게 설명

수박 한 덩이에 1위안(175원)

하면, 중국의 '한 가정에 한 아이' 정책의 특징을 잘 반영한 상점이다.
콘돔과 같은 성인용품을 판매한다.

중국 건설은행. 공상은행과 더불어 1,2위를
다투는 중국 최고 은행

화샤(华夏)은행. 건설은행보다는 작지만 전국
적 규모를 가진 은행이다

순양궁(纯阳宫)

오늘 첫 방문지는 타이위안의 중요 관광지(?)인 순양궁(纯阳宫)이다. 우이(五一广场) 광장과 딱 붙어 있으며, 뤼주(吕祖)묘라고도 불리는 이곳은 도가 신선 중 한 명인 당대(唐代) 도사 뤼뚱빈(吕洞宾, 여동빈)을 기리기 위해 지어진 곳이라고 한다.

점토 인형 중에는 마고(麻姑)의 생신 축하상(麻姑献寿)이라는 것이 있었다. 이는 중국에서 아주 유명한 전설로서, 원래 죽을 뻔한 마고를 서왕모라는 대빵급 신선이 구해 주자 이를 감사하게 여긴 마고가 수행 후 신선이 되어 왕모의 생일 잔칫날 영지술을 바치면서 왕모의 생일을 축하했다는 내용이다. 이 마고는 민간에서 장수와 아름다움의 상징으로도 알려져 있다. 일부 학설에 따르면 이 마고가 창조주, 혹은 동이족과 한민족의 조상이라고도 한다.

여조묘 안 비석과 석상들 1 | 여조묘 안 비석과 석상들 2

신기한 불상의 손가락 모양 | 여동빈(呂洞賓)

뤼똥삔(呂洞賓, 여동빈)은 전진파의 마고(麻姑)의 생신 축하상(麻姑献寿) 조사 중 한 명이자 도가 8대 신선 중 한 명이다. 중국 민간에서 가장 많은 전설에 등장하며 관우와 더불어 입에 많이 오르는 인물 중 하나라고 하니, 중국을 공부한다면 반드시 알아 두어야 할 인물이다. 이 밖에도 하나하나 언급하자면 끝도 없이 많은 불상과 인물, 고사 등 이 있었으나 이만 줄인다.

이제 다음으로는 순양궁을 나와 버스를 타고 찐츠(晋祠)로 향했다. 이 는 '찐츠를 가지 않으면 타이위안을 헛 온 것이다(不到晋祠, 枉到太原)' 라는 말이 있기 때문에 억지로(?) 가게 된 것인데, 아직 길흉을 점칠 수 없겠다. 버스 안에는 잔인하게도 '버스 기사랑 잡담 금지'라는 팻말이 붙어 있었다. 감시 카메라도 함께 있어 운전도 편하게 못 할 것 같았다.

찐츠를 가보자(不到晉祠, 枉到太原)

찐츠(晉祠)에 도착

아무튼 이 찐츠는 상당히 넓은 관광지로 시내에서 멀리 떨어진 곳에 위치해 있었다.

찐츠에 도착 후 나는 기분이 좋아 쉬에화(雪花) 맥주 한 병을 사서 마셨다. 유명한 이야기지만, 중국의 맥주는 가격이 매우 저렴하다. 마치 물처럼 싸다. 쉬에화 한 병 가격은 3위안으로 500원밖에 하지 않았다.

다양한 신선들이 등장하는 벽화

건물과 호수가 아름답게 조합되어 있다.

거품 많은 맥주를 마시며 젖은 눈(?)으로 주변을 바라보니 아니나 다를까, 낙타랑 말로 관광객들을 낚시하는 사람들이 보였다. '훗'.

이곳 찐츠는 고대 제사 건축과 정원, 조각, 벽화, 비석 등이 볼거리라는데… 지금까지 들어간 곳은 다 꽝짜였다. 찐츠의 규모가 워낙 크다 보니 기본으로 공개하는 지역도 넓다는 것인데, 대단히 많은 관광객들이 입구에 줄지어 서 있었다. 호객하는 가이드들도 많아 나도 이미 몇 차례나 거절한 상태다.

커다란 향들과 대형 불상

우화사(雨花寺) 입구를 들어서면 불(佛)자가 막아선다

근처의 위화쓰(雨花寺)라는 곳에 들어가 보았는데, 들어가면 바로 앞에 '불'자가 쓰인 벽이 앞을 가로막고 있다. 이를 지나치면 커다란 향들과 비현실적으로 큰 불상들이 보인다. 우리는 흔히 '문턱이 높다'라는 말을 종종 쓴다. 문턱이 높다는 말은 업계나 어떤 영역에 발을 들이기 힘들다는 뜻인데, 그 유래는 실제 중국의 건축 양식에서 온 것일 것이다. 이곳 위화쓰의 문턱은 정말 높았다.

여기까지 구경하고 안으로 들어가려면 표를 구입해야 하는데, 70위안이라기에 이 구두쇠는 발걸음을 돌렸다. 뒷걸음이 사실 조금 아쉬운 것은 사실인데, 예산 조절 중이다. 또 실수한 건가?

돌아오는 버스에서 내린 뒤 선데이 아이스크림을 먹으며 걷고 있는데, 중국 공산당 타이위안 시 당교(党校)가 보였다. 이 당교라는 것은 공산당원에 대한 교육을 하는 일종의 학교를 말하는데, 여기서 마르크스주의는 물론 정시사상을 배우고 당성을 배양한다. 이렇게 말하니까 조금 으시시한데, 그냥 정치인 양성소라고 생각하면 되겠다.

자전거 도로 너비가 일반 차량 도로와 비슷하다

그리고 저녁으로는 그동안 벼르고 벼르던 '메이궈 찌아쪼우 니뤄몐 따왕(美国加州牛肉面大王, 미국 캘리포니아 주 소고기면 대왕집)'을 갔다. 그러니까 캘리포니아 주식 소고기면 집이라고 부를 수 있는데, 과연 맛은 어떨까?

캘리포니아 주 소고기면

중국에서 웬 캘리포니아 주 드립이란 말인가? 실제로 메뉴를 접해 보니 캘리포니아 주 소고기면(12위안)이라는 메뉴를 제외하고는 모두 일반 중국 요리들이었다(캘리포니아 주 소고기면도 그냥 우육면, 중국 요리 같은데?). 가격은 약간 비싼 편이었지만, 매장이 깨끗하고 요리도 맛있다. 국물까지 남김 없이 다 먹었는데, 중국에서 이렇게 맛있게 음식을 먹은 적은 드물었던 것 같다. 하루를 또 이렇게 마감했다. 오늘 밤 11시 40분에는 낙양으로 가는 기차를 탈 예정이다.

# 중국 숙소에 대해서 알아보자

우선 중국 숙소를 아래와 같이 세 가지 등급으로 구분해 보았습니다.

하위 뤼뗴(旅店), 팡커(房客), 커셔(客舍), 자오따이쒀(招待所, 초대소)
중등 삔관(宾馆)
고급 판뗴(饭店, 반점), 지오우뗴(酒店, 주점)

일단 하위 등급인 '초대소, 여관' 등은 일반적으로 위험하다는 명목 하에 외국인 이용을 금지한 경우가 많습니다. 하위 숙소의 경우 소도시라면 30위안이면 잡을 수 있는데요. 북경 같은 대도시의 초대소는 경우에 따라 30~100위안으로 가격 폭이 조금 넓습니다. 그리고 초대소같이 저렴한 숙소일 경우에도 방안에 화장실이 딸려 있는 경우 50위안에서 100위안까지 가격이 올라갈 수 있으니 참고 바

랍니다. 싼 방이라고 해도 깨끗한 데가 충분히 있으니까 너무 더러운 곳이면 잡지 않는 게 좋으며, 잡는 숙소마다 그야말로 천차만별인 만큼 좋은 인연을 기대해 볼 수밖에 없겠습니다.

삔관은 고급으로 가는 중간 단계로 소도시의 경우 50~150위안, 대도시의 경우 100~300위안 정도 합니다. 혼자 잘 경우 100위안 안팎으로 찾으면 되고, 2명 이상 같이 잘 경우 180위안 선까지 잡으시면 괜찮은 가격이라고 생각합니다. 수준은 역시 천차만별이니 깨끗하고 목욕시설 잘 정비된 것 확인하고 잡으셔야 합니다. 중급까지는 비싸다고 안심할 수가 없는 곳이니까요.

장춘의 한 초대소

고급으로는 꽌뗀(반점)과 지오우뗀(주점)이 있는데, 별(★)로 등급이 매겨져 있는 데도 있고 가격 차이가 좀 납니다. 100~800위안 정도까지도 충분히 가고 (대도시의 경우 보통 200위안 이상), 소도시의 경우 150위안 정도도 가능합니다. 제가 생각하는 적당한 숙소 이용 비용은 아래와 같습니다. (1위안 170원)

모쪼록 기회가 있다면 많은 분들이 중국에서 견문을 쌓고 오되, 숙소에서 바가지 안 쓰고 오셨으면 좋겠네요! 이상입니다.

### 하급 숙소

소도시: 20~50위안
(방에 목욕 시설이 있을 경우가 50위안)
대도시: 30~80위안
(방에 목욕 시설이 있을 경우가 80위안)

### 중급 숙소

소도시: 40~80위안
(방에 목욕 시설이 있을 경우가 80위안)
대도시: 50~120위안
(방에 목욕 시설이 있을 경우가 100위안 이상)

### 고급 숙소

150~1,000위안
(500위안 이상은 개인적으로 비 추천)

대련의 한 초대소

중국 하남성(河南)낙양(洛阳), 숭산(嵩山)

인구 9,388만 명(2011)
지역총생산 29,810억 위안(2012)
면적 16.7만 제곱 킬로미터 (남한 면적의 약 1.7배)

〈통계 출처: 『Baidu 백과사전』〉

## 역사 문화

중국 문명의 발원 지역으로 장기간 동안 한 족 국가의 정치, 경제, 문화 중심지였다. 중국 8대 고대 도읍지 중 4개가 이 지역에 속해 있 으며, 이는 각각 낙양(洛阳), 개봉(开封), 안양 (安阳), 정주(郑州)이다.

오악 숭산

쩐부통 판뗀(真不同饭店), 100년이 넘는 역사를 자랑하는 지역 호텔

하남성 낙양

✈ 아무도 모르는 그 이름 '쌍셴(桑葚)'

어젯밤 11시 40분 기차를 타고 낙양까지 하루 밤을 달려왔다. 지금 시각은 오전 8시 정도. 도착지까지 아직 거리가 조금 남은 모양인데, 낙양은 삼국지 때문에 한국인들에게 잘 알려진 도시니까 왠지 나도 기대가

된다. 위나라 수도였던 허창도 근처
에 있긴 한데, 일정이 빠듯하여 통
과하기로 했다.

어젯밤 기차를 타기 전에 아침 식
사로 먹으려고 말린 블루베리를 한
봉지 샀는데, 맛이 우엑~스럽다. 성

블루베리??

분을 보니 소금이랑 절여 놔서 블루베리 고유의 상큼한 맛은 전혀 없
고 괴상한 맛만 났다. 나도 말린 과일 먹는 걸 좋아하는데, 중국에서는
정말 조심해야 한다. 믿고 먹을 수 있는 건 고구마, 감자, 키위, 바나나
정도인 것 같다는?

기차에서 산 아침 식사

블루베리의 끔찍한 맛에 놀라 한 곳으로 치워 두고, 기차 안에서 아침
밥을 구매했다(10위안). 이런 밥은 내가 좋아하는 스타일은 아닌데, 전
형적인 중국인의 아침밥을 잘 보여주는 것 같다. 아무 맛도 나지 않는
쌀죽, 속이 비어 있는 찐빵 2개, 맛이 너무 맹하니까 같이 먹으라고 넣
은 아주 짠 콩나물과 이름 모를 검은색 야채. 둘 다 모두 짜다.

낙양역에 도착했다

참고로 중국인들은 아침밥을 집에서 안 먹고 밖에서 주로 사먹는다고 한다. 밖에서 사먹어도 영세하게 파는 장사꾼들에게 사면 가격도 싸고 수고도 덜 수 있으니 겸사겸사해서.

약 4시간을 더 달려서 점심 즈음 낙양에 도착했다. 이곳도 중국에서 주목받는 발전 도시가 아니라서 번화함은 보이지 않지만, 예전 따통 때보다는 훨씬 나았다. 적어도 KFC는 있었으니까. 내리자마자 이틀 뒤 하남성 쩡쪼우(郑州)로 가는 표를 사고(무좌석) 60위안에 숙소를 잡았다. 숙소 바로 근처에 장거리 버스 정거장이 있어 소림사로 가는 버스표 사기에는 매우 편리할 것 같다. 이 장거리 버스의 장점은 운행 버스가 많아서 시간 조절이 쉽고, 내가 원하는 위치에 좀 더 정확히 도달할 수 있다는 점을 들 수 있다.

재가공 차인 화차(꽃차), 재스민차　　　　　우롱차, 철관음

숙소에 앉아 어제 산 차를 마셨다. 나름 차 맛을 공부한다고 마시는데 그렇게 확 특징이 잡히진 않았다. 화차인 재스민(茉莉花茶)은 꽃 향기가 은은히 느껴지고, 우롱차인 철관음(铁观音)은 맛이 화차에 비해 좀 더 떫고 꽃 향기가 없는 정도. 여행하면서 꾸준히 마셔 봐야겠다.

가볍게 량피(凉皮)를 먹고 내일 소림사로 가는 표를 사러 왔는데, 버스를 타고 300km 이상 가는 버스들이 눈에 띄었다. 전광판을 보니 버스에도 등급이 있고, 심지어는 침대가 있는 버스도 있는 것 같다. 덜컹거리고 훨씬 느릴 텐데 왜 버스를 타지?(라고 이때는 생각했으나, 버스의 장점과 매력도 많다!)

오늘은 낙양 시를 조금 돌아보려고 하는데, 눈에 포도같이 생겼으나 포도는 아닌 묘한 과실이 눈에 들어와 사먹었다. 이 과실의 이름은 '쌍선(桑葚)'. 2량 사서 먹었다(100g, 3위안). 이 쌍선이라는 이름을 듣기까지 도대체 몇 명의 중국인에게 물어봤는지 모른다. 다들 이름을 모른다! 쌍선은 대충 뽕나무 열매의 일종으로 단맛이 나는 과실이다. 먹을 만한데, 많이 먹으면 속에 안 좋다고 하네. 중국 과일 시장에서 흔히 볼 수 있어 예전에도 몇 번 먹어 보았으나 이름은 오늘 처음 들었다.

쌍션(桑葚) 100g

길을 걷다가 맞은편에서 재활용품 모으는 할머니를 보았다. 큰 봉지에
재활용품을 꽉 채워서 10개 이상 들고 가시는데, 그 크기가 자신의 전
신을 뒤덮고도 남음이 있어, 들고 가는 모습을 보는데 안쓰럽기 그지없
다. 나의 이런 시각 자체가 주제넘은 것일 수도 있겠지만.

낙양 시 왕청 광장(王城广场) 부근

이 도시에서도 그리 특이한 모습을 찾지 못해서 버스를 타고 매의 눈으로 주위를 살피다가 번화가처럼 보이는 곳에서 내렸다. 쭝쪼우뚱루(中州東路), 이곳은 라오청취(老城区)에 속하는 곳이었다.

재활용품 수거 종결자 할머니

이곳에 내리자마자 KFC가 또 눈에 들어왔는데, 내 눈을 의심했다. KFC에서 요우티아오(油条)를 팔고 있는 것이다. 요우티아오는 중국인들이 아침에 주로 먹는 길쭉한 기름 덩어리 밀가루 빵인데, 어설프게도? 혹은 '현지화 끝판 왕'스럽게 KFC는 상식의 틀을 깨고 요우티아오까지 팔고 있었다. 3위안인데

KFC에서 요우티아오를 판다?

고풍적인 거리, 먹거리와 잡화를 팔고 있었다.

KFC도 여기서 이걸로 돈을 벌 생각은 아닌 것 같고, 아침 시간에 사람들을 불러모을 생각으로 파는 것 같았다. 여기서 만든 요우타아오는 설탕 범벅이라 아주 달고 맛있다. '청출어람(青出于蓝)'이 아닐 수 없다.

나는 부근의 화려하게 나 있는 길로 들어갔다. 중국의 전통적 느낌을 잘 살린 이 길에는 다양한 먹거리와 의류, 잡화상들이 있었다. 배가 고팠던 나는 우선 빵을 사먹었는데 호박빵 1위안, 고구마빵 1.5위안. 너무 너무 맛있게 잘 먹었다.

씨엔리쯔(鲜梨汁), 배 과즙을 우려 낸 것

빵을 먹은 뒤 다시 내 눈을 잡은 것은 '씨엔리쯔(鲜梨汁)'였다. 씨엔리쯔는 배와 대추 등을 넣고 같이 우려 낸 즙으로 건강에 좋다고 하는데, 그건 잘 모르겠고(3위안), 아주 막 맛있다고는 못 하겠지만 갈증 해소에 좋은 배즙이다 보니 여름에는 묘한 매력이 더해지는 듯하다.

짧게나마 낙양을 돌아본 뒤 저녁으로 캉슈푸(康师傅)의 홍소우육면(红烧牛肉面)을 먹었다. 가격은 보통 4~6위안 정도 하니까, 한국 돈으로 700~1,100원 꼴로 절대 하나도 싸지가 않네? 라면 안에는 포크 1개에 면, 건더기 스프, 첨가 스프 2개가 들어 있다. 중국 라면이지만 역시 아주 맛있다. 역시 중국에서 라면은 캉슈푸다. 한국으로 치면 신라면 같은 브랜드 느낌?

또 이렇게 하루를 마감했다. 이제 겨우 30일을 채웠네!

1 라면 안에 포크가 들어 있어 편리하다.
2 캉슈푸(康师傅)의 홍소우육면(红烧牛肉面)

소림사 무술관

하남성 숭산
✈ 천하제일 숭산 소림사

오늘은 바로 낙양 시에서 조금 떨어진 곳에 위치한 숭산 소림사로 가는 날이다. 아침 내내 비가 내리는 것이 아주 불길하다. 비가 내리는 날이면 나의 저성능 디지털 카메라가 제대로 작동하지도 않거니와 신발이 모두 젖어 버리기 때문이다(두 가지 모두 치명적인 타격을 주는 요소다).

실제로 비가 하루 종일 내렸는데, 오늘 같은 날은 앞서 30일 여행을 통틀어 처음이었다. 재수가 없었다고 할까? 아니, 어떻게 생각해 보면 비오는 날의 등반이라니! 할 생각이 전혀 없던 건데 강제로 하게 됐으니, 경험이라고 생각하면 더 좋은 걸지도?

아침 밥을 먹는데 옆 테이블에서 달걀, 찐빵류, 쌀죽을 먹는 모습이 눈에 띈다(어제 내가 기차에서 먹었던 그 아침과 싱크로율 100%). 이 전형적인 영세 중국 음식점에 는 메뉴판에 100개 정도의 요리

한 영세 식당에서

가 주문 가능한 것처럼 적혀 있었지만, 실제로 주문해 보니 다 없었다. 2개를 골랐는데 모두 없어서 '칭지아오로쓰(青椒肉丝)'라는, 피망과 곁들여 먹는 썬 돼지고기를 주문해 먹었다(12위안). 중국 음식점들은 허풍이 센 건지 꼭 이렇게 메뉴판에 수십 개의 요리들을 적어 놓는다. 한국인 정서로는 이해가 가지 않는 부분.

어제 구매한 표로 장거리 버스를 2시간 반 정도 타고 갔는데, 아뿔싸! 소림사역을 지나쳤다고 한

버스의 거리 호객 행위

다. 한 15km 정도? '에잇, 망했다' 하고 내려서 다시 돌아가려는데 비는 쏟아지고 신발이 젖어 들어간다. 그러자 마음마저 약해져, 인근 식당에 들어가서 요기부터 했다. 후이몐(烩面, 양고기 또는 소고기 등을 넣고 끓인 탕 국수)을 한 그릇 먹고 나와서 택시를 잡는데, 작은 도시여서 기본료가 4~5위안임에도 택시 기사들이 30위안을 달라고 딱 잘라 말한다. 2대를 그냥 보내고 나서 소림사까지 가는 버스를 찾을 수 있었다. 역시 포기만 안 하면 버스로 다 통한다니까?

이곳이 바로 숭산 소림사!

드디어 숭산 소림사 앞까지 도착했다. 인류 문화유산이라는 소림 문화. 기대가 된다. 중국 관광지는 조금만 유명하면 표 값이 또 어마어마하게 오르곤 하는데, 이곳 소림에 와서도 처음에 표 값 보고 엄청 쫄았다. 대통령 표 900위안! 귀빈 500위안 정도였나? 일반도 나뉘어 있는데, 제일 싼 표가 180위안 정도로 적혀 있다. 눈물 짓다가 매표소에서 표를 사는데 1인당 100위안(17,500원)이다. 안도의 한숨을 쉬며 입장했다.

소림사 입구. 무협지의 한 장면 같다.

입구 근처 무술학교

쓰레기통도 상당히 신경 써서
만들어 놨다

이번 소림사 행은 비가 와서 엄청난 고행의 길
이 되어 버렸다. 소림사는 내부가 상당히 넓
다. 소림사는 숭산(오악〔五岳〕 중 중앙에 위
치한 산)이라는 산을 기반으로 위치해 있기

숙소 안 야외 훈련장. 진짜 훈련을 하는지는 의문이다

때문에 굉장히 넓은 지역에 자리 잡고 있다. 입구로 들어서면 바로 무술
학교가 보이는데, 삭발을 하지 않은 학생들이 보인다. 모두가 미래의 이연
걸, 성룡을 꿈꾸고 있겠지? 누구에게 사인(sign)을 받아야 했을까.

입구를 지나 쭈욱 들어가면 소림사 무술관이 나온다. 안으로 들어갔더
니 노승이 1갑자의(?) 내공으로 젊은 승려의 공격을 막아 내고 있는 동
상이 보인다. 참고로 이 동상은 소림사 하면 떠올릴 수 있는 그런 상징
성이 있는 동상인 듯하다. 이곳에서 시간대별로 무술 공연도 한다는데,
오늘은 비가 내려서 볼 수 없었다. '제길, 제길….'

달마는 중국 선종의 시조이지만 사실 달마는 중국인이 아니라 천축(인
도)인이다. 인도에서 중국 광동 지역으로 온 뒤 북쪽으로 올라가면서

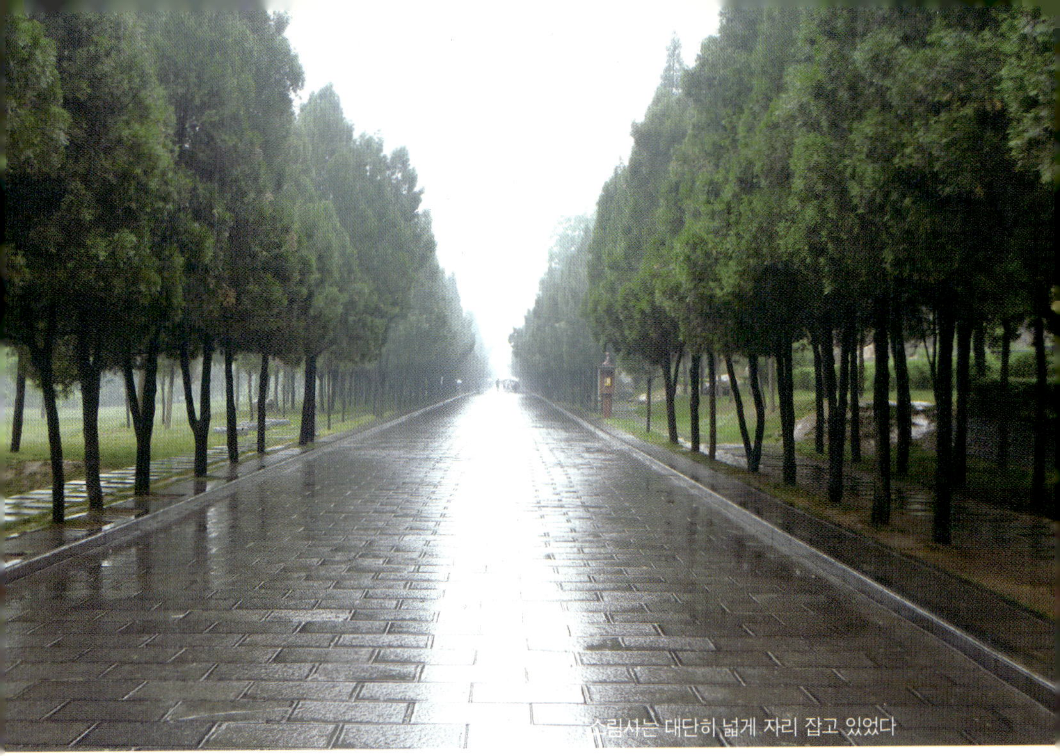

소림사는 대단히 넓게 자리 잡고 있었다

설법을 했는데, 시간이 흐르면서 전설의 인물이 되었다고 한다. 특히 숭산 소림사에 머물며 9년간 면벽수행을 했다고 하는데, 그래서인지 소림에서 달마는 더욱 VIP 취급을 받고 있었다.

달마상

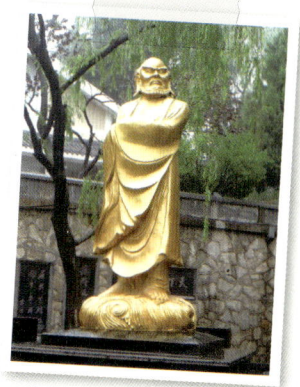

입구를 지나 소림 무술학교, 무술관까지는 맛보기이고, 계속 들어가면 소림사 본원이 나온다. 그 뒤로는 고승들의 무덤인 탑림(塔林), 계속 가면 오악의 중심봉 숭산(嵩山). 오늘의 마지막 미션이 기다리고 있다. 길에서는 칼 같은 병기들을 기념품으로 팔고 있었다. 가만, 소림에서는 외부인이 무기를 휴대하는 것이 금기일 텐데? 얕은 무협지 지식.

드디어 나타난 소림사

꽤 긴 길을 지나 소림사 본사 앞까지 왔다. 입구로 들어가면 불상이 있는데, 이런 곳이라면 공덕함이 빠질 수 없겠다. 비가 종일 내리는 날임에도 사람이 엄청 많았다. 소림사라는 브랜드가 얼마나 큰 가치를 가지고 있는지 잘 보여주었다.

소림사로 들어가면 기념비들이 엄청나게 많은데, 이건 한 화교가 남긴 기념비로서 '꾸이샨챠오셩(归山朝圣)', 산에 돌아와 성지를 방문하고 간다고 적혀 있다.

묘비들을 지나 본격적으로 사원 안으로 들어가면 제일 먼저 천왕전(天王殿)이 나온다. 천왕전은 보통 불전 첫 번째에 배치된 사원이라고 한다. 사원 내부에는 양대 금강과 사대 천왕이 우뚝 서서 지키고 있다. 사대 금강은 각각 방위를 지키는 신장들이다.

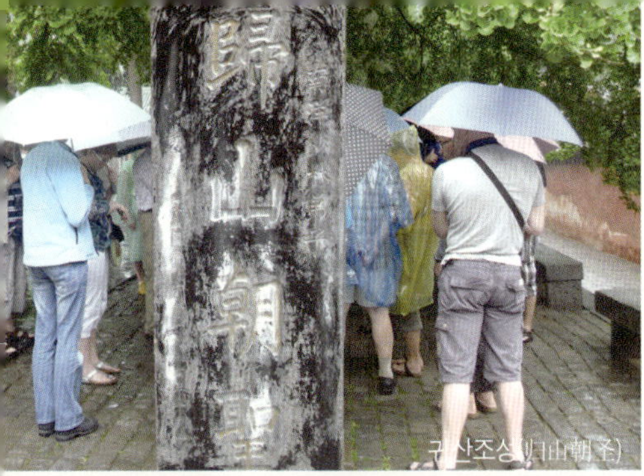

귀산조성(归山朝圣)

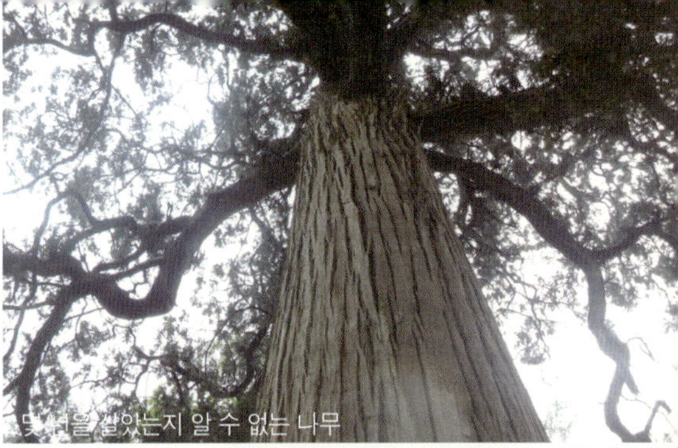

몇 [illegible]을 살았는지 알 수 없는 나무

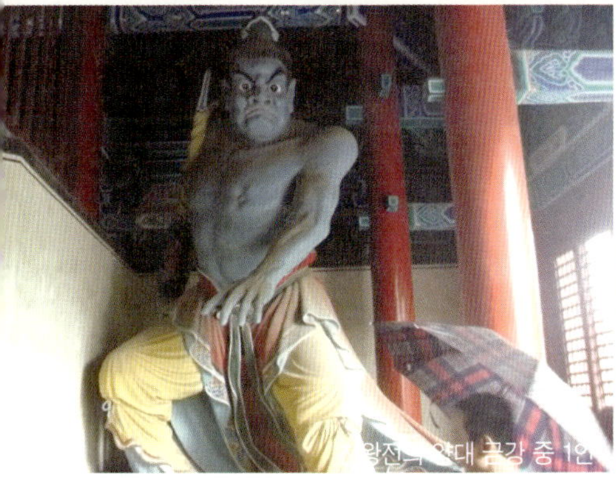

[illegible]왕전의 양대 금강 중 1인

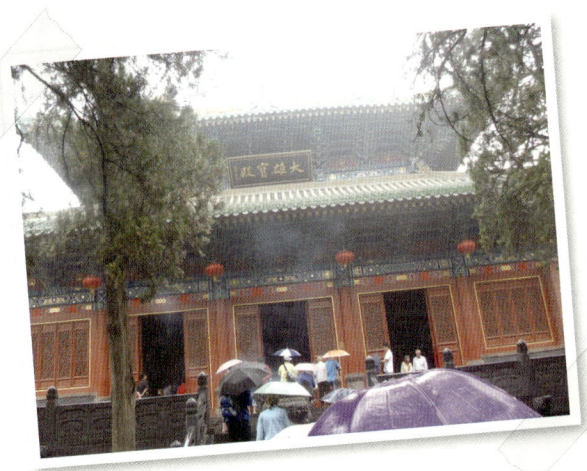

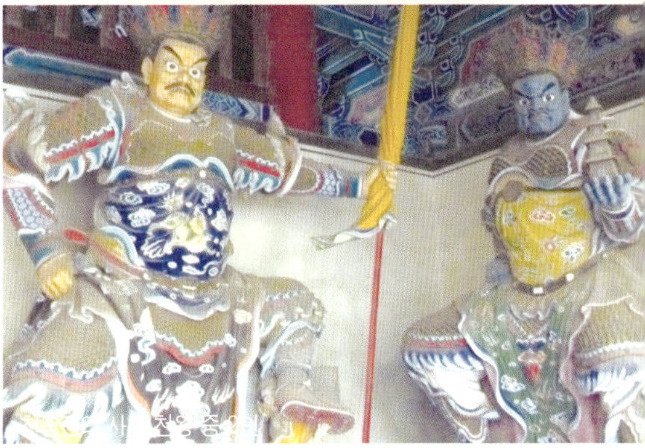

[illegible]의 사[illegible]천왕 중 2인

대웅보전

조금 더 올라가자 대웅보전(大雄宝殿)이 나왔다. 대웅보전은 석가모니 불을 본존불로 모시는 곳으로, 어떤 사찰을 가든 간에 가장 중심이 되는 곳이고, 대웅보전은 큰 힘이 있는 영웅을 모신 곳이라는 뜻이다. 대웅보전을 들렀다가 장경각(藏经阁)의 와불을 보았는데, 와불 특유의

1 대웅보전 안 석가모니. 양 옆으로는 보살들이 있다.
2 대웅보전 앞에 꽂힌 수많은 향
3 장경각의 와불

자연스러움이 대단한 예술성을 가지고 있다고 들었다. '그래도 보통 무
협지에서 장경각 하면, 수많은 무공비급이 있는 곳으로 나오는데, 판타
지를 좀 더 살려서 간단한 비급 같은 것을 만들어 파는 마케팅을 해
보는 것은 어떨까?' 그러나 저러나 나는 한층 더 올라가서 방장이 있
는 곳으로 가보았다. 명의상으로 보면 소림방장이 기거해야 하는데, 설
마…. 아마 실제로는 당연히 기거하지 않는 듯하다. 소림사는 이미 관
광지화되었기 때문에 이건 실제 절이 아니라고 봐도 무방하겠지. '아마
근처에 스님들 기숙사와 제대로 된 (전기가 들어오는) 설비들이 있을
것이다.'

방장을 지나 더 올라가니 '씨꽝성런(西方圣人)'이라고 쓰여 있는 곳이
나왔다. 한국말로 얼핏 들으면 씨…꽝(?)인데. 한국식 한자음으로는 '서

1 서방 성인(西方圣人)
2 소림의 VIP 달마상

방 성인'이고 이는 서쪽에서 온 성인(?) 달마를 의미한다. '서방 성인' 주변에는 관음전과 지장전이 있었다.

참고로 현 (30대) 소림방장은 스융신(释永信)이라는 사람으로 1965년에 안휘성에서 출생했다. 그는 중국 최초로 미국 경영학 석사(MBA) 학위를 취득한 승려이며, 소림사 무승단을 창설하고 여러 회사를 만들어 운영하고 있는 것으로 유명하다. 이 때문에 소림사의 상업화를 두고 논란이 일어나기도 했다. 그의 별명은 '소림 CEO.'

소림사를 나와 앞으로 조금 더 나아가면 탑림이 나오는데, 이곳은 소림사 역대 고승들의 사리탑 200여 개가 세워져 있는 곳이다. 주로 고승 위주로(X대 소림방장이라든가) 탑을 만들어 준 것 같고, 높이는 생전 직급과 관련이 있는 것으로 추측된다. 올라가서 사진 찍지 말라는 경고 문구가 보인다. 인증샷 문화의 폐해!

소림사와 탑림은 다 봤지만 이제부터가 진짜 시작이다. 숭산 등반이 기다리고 있기 때문이다. 40위안짜리 케이블카가 날 유혹했지만, 케이블

고승의 사리탑이 있는 탑림

카로 등반하는 건 첫째로 비싸고, 둘째로 진짜 등반이 아니라고 생각하는 고로, 의지의 한국인, 빗속 숭산 등반을 결심했다.

다음 목표지는 '싼황짜이(三皇寨, 삼황채)'로 잡았다. 참고로 삼황은 일반적으로 각각 복희(伏羲)와 여와(女媧), 신농(神農)을 의미하며, 여와는 중국 신화에서 만물을 창조한 신으로 나오기도 한다.

고난의 숭산 등반 시작

멀리 빠르게 올라가는 케이블카를 보며 살짝 후회했다. 나는 얼마나 구두쇠인가? 아직도 고지는 아득하기만 한데, 안개가 엄청난 것이 분위기가 음산하여 개구리 소리가 다 무서울 정도다. 올라가다가 관광 가이드를 만나 삼황재까지 가려면 얼마나 걸리냐고 물었더니, 오늘 가기는 무리라며 자신은 내려가는 길이라고 했다. 선녀담을 거쳤다가 돌

선녀담의 깨끗한 물속 올챙이들

아서 다시 올라가는데, 개구리 우는 소리가 여기저기서 들린다. 개의치 않고 계속 빡세게 올라갔다.

안타깝게도 심한 안개가 풍경을 다 가려 놓았다. 물론 안개 속에서 보는 산은 선경(仙境)의 풍모가 있다고 할까? 나름의 운치는 있으니까. '정말 그렇게 생각해?'

산을 오르는데 뒤에서 누가 올라온다. '오오, 더 이상 나는 혼자가 아니다.' 둘 다 이 안개낀 음산한 산을 홀로 오르고 있었기 때문에 일정 간격을 두고 보이지 않는 눈치 속 동반을 했다. "피곤하지 않으세요?"

하늘색 옷을 입은 천양바오(陈阳宝)

같이 산을 오르던 중국인이 내게 물었다. 그 길로 우리는 말이 터졌다. 이 중국인의 이름은 천양바오(陈阳宝), 나이는 28세였다. 심천의 한 회사에 근무하고 있고 얼마 전에는 화산을 등반하고 왔는데, 화산이 얼마나 험준한지 모른다고 엄살을 떨었다. '이곳은 아무것도 아니라나?' 천양바오를 만난 건 여러 모로 행운이었다. 그는 정말 뛰어난 등산가이

자 촬영사(?)였다. 진짜로 내가 탄복했다. 항상 나보다 한 발 빨리 가고 지치질 않는다.

천양바오는 군대(인민해방군)를 갔다온 관계로 평소 내가 궁금해 했던 중국 군대 사병이 '모병'인지 '징병'인지에 대한 종지부를 찍을 수 있었다. 중국 사병은 한 마디로 말하면 지원제가 맞다. 본인이 희망해서 가는 것이다. 그런데 충격적이게도, 일단 지원하면 마치 한국 사병처럼 2년간 봉급이 거의 없다는 것이다. 다시 정리하면 지원제 공짜 2년 복무가 되는데, 이걸 누가 미쳤다고 지원하느냐? 대학을 진학할 만한 돈도 없고 가난한 사람들이 군에 들어가면 적어도 먹을 밥이 있기 때문에 지원한다고 한다. 중국의 딱한 사정이 엿보이는데, 2년 복무하고 나면 3년 차부터는 월급을 받는 사병으로 전환되기 때문에 이걸 위해 군에 지원하는 사람도 많다고 한다.

안개 속 숭산의 절경

이야기를 하는 사이에 드디어 케이블카를 따라잡았다. 올라오자마자 여기저기서 한국어가 들리는 것이 단체 투어를 온 것 같다. 지금부터 있을 코스는 잔도(栈道)〉현교(悬桥)〉삼황재(三皇寨)이다. 이 중에 압권은 현교, 이는 산과 산을 연결하는 붕 뜬 다리다. 나무 판자를 줄로 연결하여 만들었는데, 엄청나게 흔들리고 아래는 끝없는 낭떠러지. 후덜덜하다.

잔도를 따라 숭산을 깊숙이 전진했다

여기저기서 관광객들의 함성이 작렬했다. 정말 '장엄(莊嚴)'이라는 두 글자가 아깝지 않았다. 내가 중국에 와서 놀란 것이 여러 가지 있지만, 그 중 하나는 중국인들의 다양한 관심사이다. 숭산을 올라가다 보면 돌이나 자연지리 현상 등에 대한 설명을 해주는 팻말들을 자주 볼 수 있는데, 이런 관광지라도 설명이 한국 박물관 수준인 것 같다. 중국의 디테일(detail)은 알면 알수록 정말 더 대단하다.

장엄한 숭산의 모습

비 때문에 발밑이 미끄러웠는데, 밑을 볼 때마다 아찔했다. 보호 설비가 너무 허술하여 슬슬 '되돌아갈까' 하는 약한 마음이 들기도 했다. 현교도 안 나타나고 말이다. 삼황채는 도대체 아까 2km라고 본 지가 언젠데, 나타날 생각이 전혀 없는 듯하다. 아니면 삼황채가 2개인 건가? 여기까지 온 이상 전진만이 있을 뿐이다.

비가 내려 안개가 더 심했다

안개 속 현교

그리고 그렇게 찾았던 현교(아슬아슬하게 걸려 있는 다리)가 나왔다. 대단히 아찔한 다리다. 막 철컹거리는데, 밑을 보면 그렇게 안전한 것 같지도 않아 보인다. 다행히 살아 넘어왔다.

삼황재에 도착하다

최종 목적지 삼황재에 도달했다. 삼황을 모시는 이곳은 여행객의 출입을 금하는 곳이라고 한다. 원래 삼황재까지 못 왔을지도 모르는데, 어떻게 천양바오랑 서로 의지하면서 여기까지 오게 됐다. 천양바오의 경우 같이 온 애들이 있는데 화산을 갔다 온 길이라 지쳐서 숭산에는 안 올라왔다고 한다. 이것이 다 인연 아니겠는가.

마지막으로 남천문까지 갔다가 하산을 시작했다. 한참을 내려가는데 천양바오가 "저기 보이는 도로까지만 가면 아마 차가 있을 것"이라고 말했다. 하지만 여기서 두둥! 내가 "인적이 이렇게 드문데 차가 있을까?"라고 하니까 천양바오는, "그건 우리의 아주 심각한 문제"라고 대답했다. 날도 많이 저물어 차가 없다면…, 상상만 해도 끔찍하다. 하지만 만약 있어도 차비를 완전 사기로 부를 수 있는데(부르는 게 값), 사실 이것도 큰 문제다.

하산길

산 중턱 도로에 개인 트럭을 모는 한 아주머니가 있어, 버스가 다니는 곳까지 데려다 주는 조건으로 비용 협상을 시작했다. 아주머니는 100위안을 말했는데 터무니없어 천양바오와 한참 동안의 말씨름이 오갔다. 60위안, 돈은 내가 내려고 했는데…, 중국인들은 이런 맛이 있다. 나를 제지하고는 자기가 냈다. '사랑합니다. 예산이 부족해서요.' 우리는 전화번호를 교환하고 헤어지면서 심천에서 다시 만나기로 약속했다. 다시 버스를 타고 숙소로 돌아가는데 소림사 주변에 무술학교가 엄청나게 많다. 아마도 소림사에서 환속한 스님, 혹은 소림사 승려들이 가르치는 거겠지. 하루를 이렇게 마감했다.

# 중국 여행이란? 중국 관광지 추천

제가 생각하는 여행이란 공부입니다. 여행에는 여러 가지 목표가 있을 수 있겠지만, 적어도 제게 있어 여행의 궁극적인 목표는 배우는 것이었기 때문입니다. 새로운 것, 알지 못하던 것을 찾아가는 것에서 끝없는 즐거움 누릴 수 있었습니다. 개인적으로 '집 나오면 고생이다'라는 말에 크게 공감합니다. 그래서 편하게 쉬려면 역시 내 집 혹은 가까운 곳을 찾는 것이 제일 좋겠지요.

경험상 중국 여행을 할 때 도시 지도는 대단히 큰 도움이 되었습니다. 그래서 새로운 도시에 도착하면 지도를 꼭 사곤 했는데요. 지도를 펴고 볼 때 호텔과 백화점이 많이 모여 있고 도로가 복잡하게 나 있는 곳이 바로 번화가였습니다. 도시는…, 다 비슷하게 만들어질 수밖에 없는 듯합니다. 사람들이 많이 모이는 곳에 백화점이 놓이고, 고층 건물이 들어서고….

핵심으로 다시 돌아와 '여행은 공부다'라고 다시 주장하려고 합니다. 공부를 잘하려면 예복습이 철저해야겠지요. 많이 알지 않으면 보이지도 않으므로 사전 조사와 현지 조사를 병행하고 또한 기록을 많이 남겨 곱씹고 되새겨야 합니다. 그러면 더 많은 것을 배울 수 있습니다.

146일간 58개의 도시와 70개에 달하는 장소를 방문했는데요. 개인적으로 꼽은 중국 여행지 Top20 은 아래와 같으며, 1권에 포함된 지역은 8위, 11위, 19위입니다. 부족한 책을 끝까지 읽어 주신 점 감사드립니다.

| 순위 | 지역 및 특징 | 점수 |
|---|---|---|
| 1 | 상해上海 – 도시 풍경(강과 야경 가산점) | 9 |
| 2 | 홍콩香港 – 도시 풍경(야경과 건물의 바다) | 9 |
| 3 | 해남도 싼야三亚 – 중국에서 가장 아름다웠던 해변 | 8.5 |
| 4 | 화산华山 – 험준한 산, 웅장한 산 | 7.5 |
| 5 | 마카오澳门 – 낡은 듯, 세련된 듯 – 그리고 카지노 | 7.5 |
| 6 | 우루무치乌鲁木齐 – 위구르족, 이국적 풍경 | 7.5 |
| 7 | 심천深圳 – 도시 풍경(한 남쪽의 대도시) | 7 |
| 8 | 북경北京 – 전통과 현대, 중국의 수도 | 7 |
| 9 | 서안西安 – 관광을 위해 건축된 듯한 도시(도시를 감는 성곽) | 7 |
| 10 | 내몽골 – 시라무런希拉穆仁 – 몽골의 초원에서 말타기 | 7 |
| 11 | 소림사~숭산少林寺~嵩山 – 소림사와 이어지는 숭산 등반 | 7 |
| 12 | 장가계张家界 – 독특한 봉우리들 | 7 |
| 13 | 아미산峨眉山 – 정상의 거대한 금불상, 원숭이를 볼 수 있다 | 6.5 |
| 14 | 내몽골 – 시앙샤완响沙湾 – 사막, 낙타를 타자 | 6.5 |
| 15 | 청도青岛 – 바닷가와 현대적 건물 | 6.5 |
| 16 | 황산黄山 – 중국을 대표하는 명산? | 6 |
| 17 | 항주 – 서호西湖 – 아름답기로 유명한 호수 | 6 |
| 18 | 둔황 – 명사산鸣沙山 – 도시에서 가장 편하게 보는 사막 | 6 |
| 19 | 연길延吉 – 조선어 간판과 조선 냉면의 맛 | 5 |
| 20 | 병마용兵马俑 – 공부할 생각으로 가는 박물관 | 4.5 |

엑티브 상하이 !

중국 항주 서호